Grise Bouille, Tome II

ISBN : 978-2-493727-12-1
Prix (France) : 19,95 €
Dépôt légal : août 2021
Photo 4e de couverture : Gee (CC BY SA)
Mise en page avec LaTeX

https://ptilouk.net/

Gee

Grise Bouille

Tome II

ptilouk.net
ÉDITIONS

Du même auteur :

2022 en dessins (Grise Bouille Presse) *(2022)* — Recueil de dessins d'actualité.

Le Guide du connard professionnel *(2022)* — BD satirique scénarisée par Pouhiou, racontant la malveillance comme source de profit.

Une Auberge dans la tempête *(2022)* — Roman de suspense et d'humour racontant les péripéties d'une randonneuse réfugiée dans une étrange auberge en pleine tempête.

Les aventures inutiles de Superflu *(2021)* — Bande dessinée humoristique en couleurs, racontant les aventures d'un superhéros qui ne sert à rien.

Grise Bouille *(5 tomes – 2016 à 2021)* — Recueils de bandes dessinées mêlant humour, vulgarisation scientifique et satire politique.

Apérocalypse (roman inachevé) *(2020)* — Roman inachevé racontant la vie d'un petit lotissement péri-urbain alors que la civilisation industrielle occidentale s'effondre.

GKND, l'intégrale *(2019)* — Bande dessinée humoristique « geek » racontant les péripéties de trois étudiants passionnés de sciences et d'informatique.

Working Class Heroic Fantasy *(2018)* — Roman de luttes sociales dans un monde heroic fantasy.

L'Enfant sans bouche *(2016)* — Recueil de nouvelles diverses, de la science-fiction à la fantasy en passant par l'humoristique et l'horrifique.

Ce livre, édité par *Ptilouk.Net Éditions*, est la version imprimée d'un livre numérique publié aux éditions *Des livres en Communs* (anciennement *Framabook*).

Les auteurs tiennent à remercier les bénévoles ayant réalisé le travail éditorial sur cet ouvrage et invitent leur lectorat à soutenir *Framasoft*, association d'éducation populaire aux enjeux du numérique et des communs culturels dont les éditions *Des livres en Communs* sont issues.

Pour plus d'informations sur Framasoft, consultez
https://framasoft.org/

Préface

Grise Bouille 2016 : on peut mieux que ça

J'ai la chance de connaître Gee. D'avoir passé quelques soirées avec lui... à revoir le monde au travers des culs de bouteilles, certes ; mais aussi la chance d'avoir bossé avec lui, dans ces journées précédant lesdites soirées arrosées de vannes pétillantes.

Il y a de la politesse chez ce jeune homme. De celle qui le pousse à s'assurer que chacune et chacun ait sa dose de sourire. Telle une hôtesse de l'ancien régime prenant grand soin de ses convives, Gee prend soin de l'ambiance d'une séance de travail collective en plaçant, tel un chemin de table, quelques bons mots le long des heures d'une réunion.

On se prend trop au sérieux ? Un calembour bien senti nous rappellera que la vie, l'univers (et tout le reste, ce qui nous inclut nous) est bien souvent absurde et ridicule. Des ego se tirent la bourre en faisant grimper la tension ? Une bonne référence complice à *OSS*, *Kaamelott* ou *Le grand détournement*, et d'un coup on se rappelle que ce qui nous rassemble est plus important que nos nombrils. Un puissant nous blesse ? Il panse la plaie d'une vanne de sniper qui pointe un doigt levé vers l'origine du problème.

Je sais pas s'il s'en rend compte, le bougre, mais il a la politesse de l'humour. C'est une espèce de tendresse adressée au monde, comme s'il lui tendait un miroir bienveillant. Regarde, c'est pas grave on va en rire, mais regarde. Ça fait chier, on peut en rire, mais regarde. Regarde dans quel état tu t'es mis, le monde... Rah tu m'en feras d'autres, des comme ça, hein...

Parce qu'il y a de la révolte, lovée dans ses traits et au creux de ses mots. Certains croient qu'*On Vaut Mieux Que Ça*, lui sait qu'en plus : on peut mieux que ça. Or quand des communicards qui se croient puissants essaient de nous marteler notre culture afin qu'on se sente sans pouvoirs ni pourvois, il brandit la fourche et les montre du doigt en tirant la langue.

Dénoncer, pour ne pas se noyer dans le marasme, rire afin de ne pas se prendre trop au sérieux, et partager. Là encore, c'est chez lui une espèce de délicate attention. Comme lorsqu'on vérifie que tout le monde (même les potes qu'ont pas trop les moyens) a un verre dans la main, avant que de trinquer. Cette attention du partage va plus loin que cela, c'est (en vérité) un vœu d'égalité.

Il se souvient de toutes les fois où il a été plus ignorant et donc moins capable, plus enfermé, et plus couillon, aussi, du coup. Alors il refait le chemin pour mieux nous y accompagner : vl'à c'que j'ai appris, v'là comment je l'ai compris, tiens-moi la main j'te lâcherai pas et on va trouver ensemble comment libérer du savoir dans des neurones. Oh, et si on peut se fendre la poire au passage, chuis pas contre, ça te va ?

Poli, tendre et attentionné, plus que de décrire un « bon coup »[1] c'est à mon sens la description d'une « bonne pâte», un bon gars, comme ils disent entre hétéros quand ils veulent pas trop se montrer qu'ils s'aiment. Oh bien sûr il a ses lubies (il frise l'intégrisme Potterien), ses fragilités (il est possible de le tuer avec un seul condiment et d'un seul poil de chat !), et ses obsessions (Ne. Le. Lancez. JAMAIS. Sur. Radiohead), mais c'est avant tout une personne qui permet de se la péter, lorsqu'on peut dire « j'ai la chance de connaître Gee ».

---

1. Cette allusion sexuelle était inévitable, comme le beurre dans le kouign-amann.

Le truc, c'est qu'en lisant le Tome 2 de *Grise Bouille* (et le Tome 1 n'est pas loin, alors ne le loupez pas, franchement), vous aussi vous pourrez vous la péter. Parce que vous aussi vous le connaîtrez. Tout est là : ce qu'il est, ce qu'il vit, ce en quoi il croit... tout s'offre pudiquement à notre regard dans les pages de ce recueil. Exactement comme ses dessins, cela peut nous sembler évanescent : en trois traits et deux points, ses évocations sont plus fulgurantes et efficaces qu'une longue description verbeuse.

Ben sa personnalité est dessinée ici de la même manière : en trois traits (de caractère) et deux (mises aux) points. Alors plutôt que de lire le recueil de l'année 2016 du blog *Grise Bouille*, je vous invite juste à découvrir, même caricaturalement, un ami. Vous allez voir, c'est un bon gars.

– Pouhiou, hétéro le temps d'une préface.

Avant-propos

Lorsqu'en janvier 2015, je lance officiellement la publication en ligne de *Grise Bouille*, blog-BD humoristique, je prends immédiatement le pari un peu casse-gueule de ne m'imposer aucune ligne éditoriale. Le blog parlera de tout et surtout de n'importe quoi. Et tant pis si les personnes intéressées par mes articles de vulgarisation ne sont pas d'accord avec mes articles polémiques. Tant pis si mes petites incursions du côté de la musique ou de la littérature n'attirent pas autant de public que mes BD.

L'année 2016 aura été, à ce point de vue, un bon test pour le blog : comment, dans une actualité relativement déprimante marquée par les attentats et d'énièmes attaques libérales du gouvernement, continuer à faire de l'humour sans occulter la colère et la révolte ? Cette colère et cette révolte ô combien nécessaires pour lutter contre l'apathie et la résignation ambiantes...

Sans surprise, la section *La fourche*, qui propose les articles les plus politisés, a été l'une des plus actives. Et, pour contrebalancer la gravité de cette actualité, j'ai eu aussi comme un besoin de retourner vers l'humour pur, la franche déconnade déconnectée du reste (section *Comic trip*). Pour souffler, un peu. Avant de repartir à l'assaut des Valls, des Macron, des Cazeneuve, des Estrosi et des Sarkozy qui auront émaillé l'année de leurs saillies affligeantes de bassesse. Avec, en perspective, l'année 2017 qui ne s'annonce pas beaucoup plus folichonne que 2016.

Celles et ceux qui ont suivi le blog sur l'année 2015 (ou lu le premier tome de *Grise Bouille*[1]) noteront également un nombre d'articles légèrement inférieur cette année mais avec des articles plus longs, plus fournis. Une volonté d'aller, peut-être, plus au fond des choses.

Tout en continuant à raconter des bêtises, parce que merde, il y a des moments comme ça où on a bien besoin de rire. Avec ou sans l'aide de nos politiciens.

Bonne lecture et à bientôt sur le *web* ou ailleurs,

– Gee

---

1. Également disponible aux éditions *Ptilouk.net Éditions* – https://editions. ptilouk.net/

histoires drôles

gags

absurde

humour

Comic trip

strip

fiction

détente

gribouillages

Commençons donc par la déconne. Je l'avais déjà évoqué dans le tome précédent, mais je ne peux pas ne pas évoquer Gotlib, mon maître incontesté. Et pas seulement parce que ce grand bonhomme nous a tristement quitté fin 2016. Parce que Gotlib, pour moi, c'est probablement le meilleur auteur de BD de tous les temps (rien que ça).

J'ai découvert Gotlib adolescent (enfin, adolescent... moi, hein, pas Gotlib) avec les *Rubrique à Brac*. Bien plus que toutes mes autres lectures, ce sont ces BD qui m'ont donné le goût l'absurde, du principe « un gag par dessin (voire plus) ». Et puis ce quatrième mur que l'on défonce en permanence, avec cette coccinelle qui commente tout à la place du lecteur, ces personnages bien conscients d'être dans une BD dessinée par un auteur bien conscient d'être mégalomane.

C'est un pur hasard du calendrier, mais je me suis d'ailleurs pas mal replongé dans les œuvres du bonhomme au début de l'année 2016, en en profitant au passage pour découvrir d'autres ouvrages que je n'avais jamais lus (comme les fameux *Rhââ Lovely* un peu plus destinés à un public adulte). Et je pense que cela se voit à la lecture de mes propres BD de cette catégorie, notamment dans *Le grand cerf et le lapin* (page 5) ou encore *Dragon & fine aigrette* (page 19), qui sont complètement imprégnées de l'atmosphère *Rubrique à Brac*.

Bref, je n'ai pas la prétention d'arriver à la cheville du grand maître. Mais si j'arrive, parfois, à trouver une liberté de ton aussi jouissive que celle qui était la sienne, alors ce sera déjà pas mal.

Allez salut patron. C'est pas pour dire, mais c'que vous étiez fort...

Planète 9

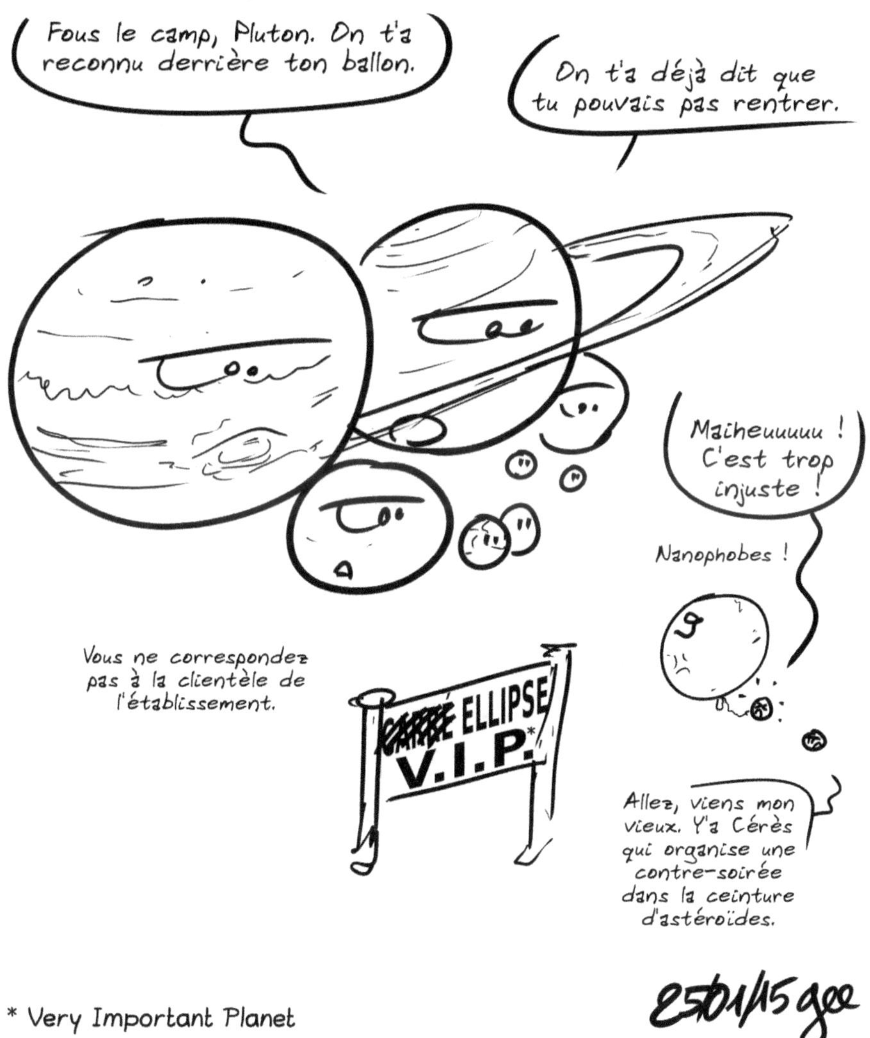

* Very Important Planet

Le grand cerf et le lapin

Non mais c'est importe quoi là.

C'est le cerf qui est dans la maison.

Et il regarde dehors.

Je disais donc...

Dans sa maison, un grand cerf regardait par la fenêtre...

Jour 21. Ils n'ont toujours pas remarqué que j'étais un cerf.

...un lapin venir à lui...

Sinon, moi ce matin, j'ai flingué un chasseur.

Come at me, bro.

Rapport au fait que j'ai un fusil. Oui. Mais c'est une autre histoire...

...et frapper ainsi :

SBAF !
HHHgg !

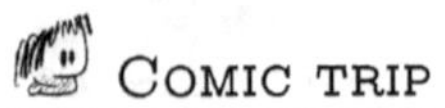

Non mais ça va pas la tête ?!
Il frappe à la porte, le lapin !

Donc, on reprend :

Dans sa maison nianiania, un lapin venir machin truc. Bon.

Ton texte, le lapin...

Euh oui, bon, le lapin qui tue le chasseur, c'est dans une autre comptine normalement...

Bon dites, vous allez pas la ramener, hein.

Sinon je raconte la blague de l'ours et du lapin qui font caca dans la forêt.

Vous me fatiguez ! Allez, on abrège !
Ton texte, le cerf !

Oui bon bah on va dire que c'est fait. Voilà.

Après ils vécurent heureux et eurent beaucoup de petits cerpins.

Ou un truc du genre, je ne sais plus moi et puis ça va bien hein vous commencez à me gonfler si vous voyez que j'veux dire nsxr gonná glue ym sp miz iyf don to lies

02/02/16 g@

Anti-AdBlock

C'est quand le bonheur ?

Ce fut effectivement assez inattendu lorsque Cali gula.

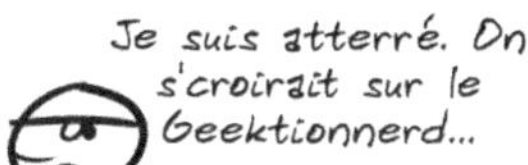

11/04/16 gee

Dragon & fine aigrette

Il était une fois dans un royaume lointain, un affreux dragon qui terrorisait tous les habitants.

Le cadrage absolument foireux de cet affreux dragon annonce déjà bien la couleur sur le niveau de cette BD...

Le royaume se désolait à chaque
attaque du dragon et le roi, assailli par les
plaintes du peuple qui souffrait, fut obligé d'agir.

Il décida de convoquer les meilleurs chevaliers,
les plus grands héros, les plus vaillants paladins,
les plus...

Ahem.

Je disais donc...

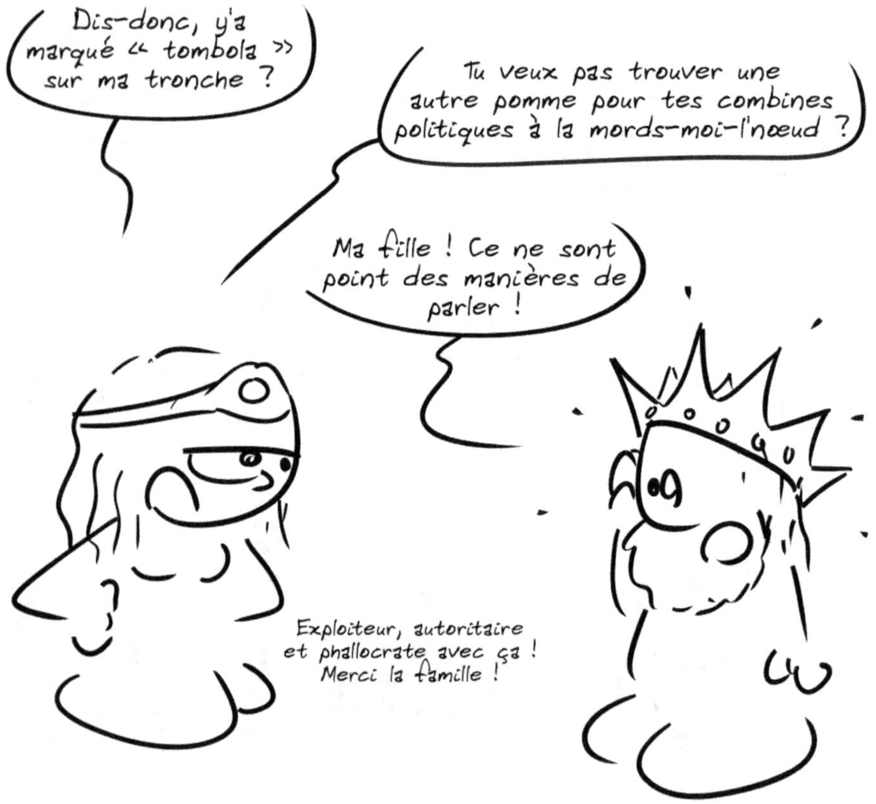

Les chevaliers accoururent pour tenter d'occire la bête hideuse.

Pour décrire le résultat de leurs tentatives, je ne puis résister à l'envie d'utiliser une expression assez imagée mais qui, pour une fois, est à prendre à la fois littéralement et métaphoriquement :

Ils se sont fait fumer.

Bon, bah c'est pas tout ça, mais y'a Quidditch demain...
Quelqu'un aurait de l'anti-brûle ?
Je confirme ce que je disais : la nature trouve toujours un chemin...

Vous bilez pas les gars, à tous les coups la princesse était dans un autre château, alors...

Et puis, un jour, un nouveau chevalier arriva. Il ne payait pas de mine du haut de son mètre quarante, habillé d'une armure trop grande et coiffé d'une fine aigrette qui volait au vent...

De fait, lorsqu'il se présenta à la cour du roi, on lui fit comprendre qu'il était bien gentil, qu'ici on aimait bien rigoler mais qu'on n'avait pas que ça à faire et qu'il serait bien urbain de laisser les vrais bonhommes causer sérieusement.

Le petit chevalier passa outre les moqueries et exposa sa stratégie.

Malgré les railleries, le voilà qui se lance à l'assaut du dragon* !

* Notez le passage au présent de l'indicatif pour accentuer le côté dynamique de l'action. Quelle maîtrise de la langue, c'est incroyable. Vous vous rendez compte que je suis bourré de talent ou pas ?

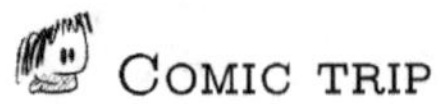

Il commence par rendre grâce à
Dieu, pieux comme il est...

Puis il s'élance ! Il court, il court, rapide comme l'éclair
avec sa fine aigrette qui vole au vent.

Il esquive les flammes et fait tournoyer sa fronde...

ET IL TIRE !

Et manque lamentablement la cible...

Mais le petit chevalier ne se laisse pas démonter
en dépit de l'air goguenard des spectateurs.

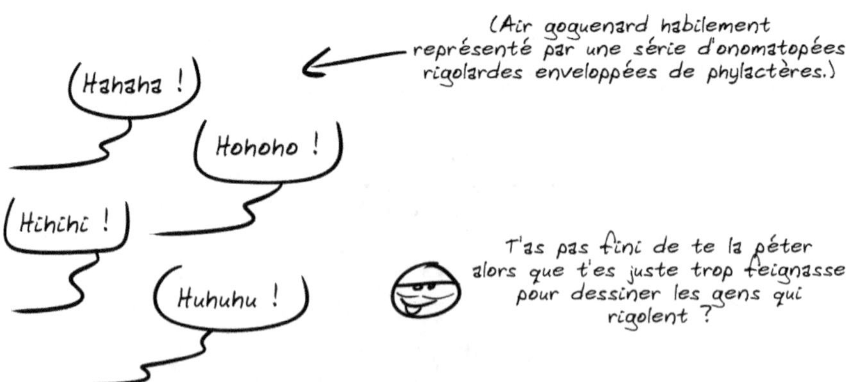

Il rend grâce à Dieu puisqu'il est très pieux...

Il court, il sprinte, déterminé et véloce avec sa fine aigrette qui vole au vent.

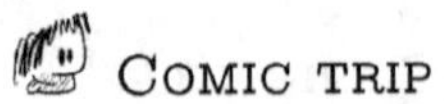

Il danse entre les flammes et fait voltiger sa fronde...

ET IL TIRE !

Et manque lamentablement la cible...

Mais le petit chevalier ne perd pas ses moyens, nonobstant le persiflage des spectateurs.

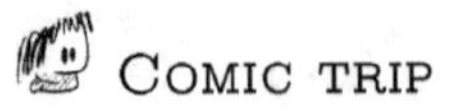

Étant naturellement Dieu, il rend grâce à pieux.

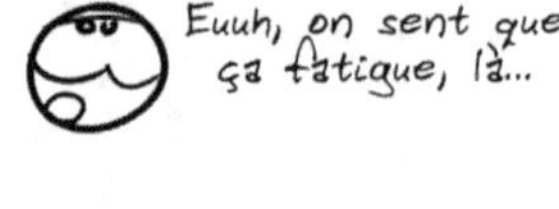

Il court vachement vite, tout ça, avec sa fine aigrette qui vole au vent, enfin vous avez compris l'idée quoi...

Il fait tournoyer sa fronde et lui-même
(respectivement dans sa main et entre les flammes)...

ET IL TIRE !

La pierre va se loger directement entre les deux yeux du dragon qui tombe raide mort.

Le chevalier, victorieux, retrouva son honneur bafoué, le royaume son calme, le peuple sa sérénité, le roi sa légitimité et le récit son passé simple.

Il épousa la princesse, ils vécurent heureux (enfin, lui en tout cas) et eurent beaucoup d'enfants (sportifs et pieux, cela va sans dire).

La paix revenue, plus jamais le royaume ne connut de troubles et le surnom du chevalier qui l'avait un jour libéré du terrible dragon par son athlétisme et sa piété resta gravé dans la pierre :

> ## L'athlète dévot à la fine aigrette.

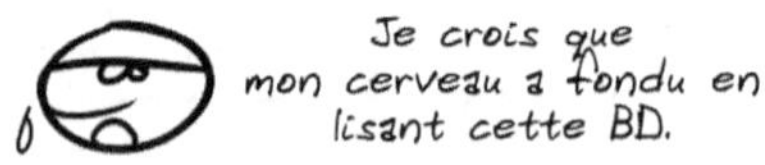

20/04/16 gee

D17 va devenir CStar

2005

2008

2010

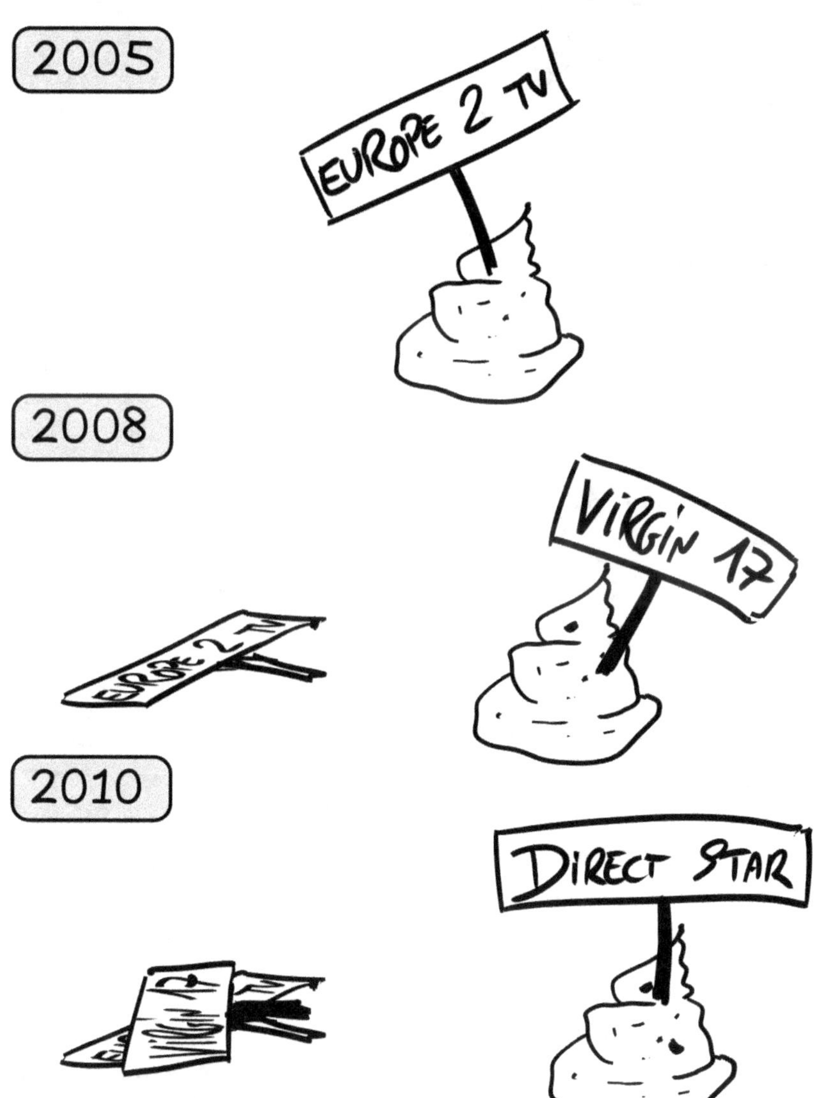

2012

DIRECT STAR

D17

2016

STAR

CSTAR

Le nom change tous les 3 ans, mais le contenu reste plus ou moins le même...
Du coup, ça va, nos téléspectateurs ne sont pas perdus.
08/06/05gee

Spleen IV – La revanche

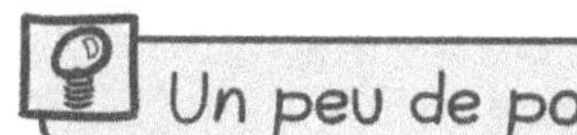

Le texte est écrit par un auteur un peu obscur, un petit nouveau dans le métier mais qui s'est déjà fait une certaine réputation et une solide base de fans, un certain Charles Baudelaire.

Et les illustrations sont de bibi (imaginez l'honneur pour le type qui a écrit le texte et dont je parlais au-dessus).

Ça s'appelle « Spleen IV ».

Alors bon, j'ai pas vu les trois premiers, mais d'après la bande-annonce, ça m'avait pas l'air hyper-intellectuel, du coup ça devrait passer.

Après tout est-ce que t'as vraiment besoin d'avoir vu les 6 premiers Fast & Furious pour apprécier le septième ?

Bref.

En avant la musique.

Mettez-vous en condition, poésie, émotion, tout
ça, on prend un air inspiré et on récite :

Quand le ciel bas et lourd pèse comme un couvercle
Sur l'esprit gémissant en proie aux longs ennuis,

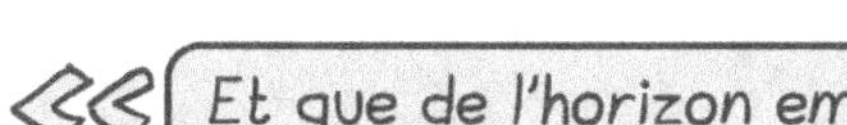

(Là j'avais oublié le début de la phrase, du coup j'étais pas sûr de qui versait le jour, entre le ciel, l'esprit et l'horizon. Alors dans le doute, c'est moi qui le verse. Non mais.)

 Quand la terre est changée en un cachot humide, 

Earth is a prison.
He has to break out.

Roland Emmerich's
EARTHCATRAZ
Sortie le 22 juillet 2016.

 Où l'Espérance, comme une chauve-souris, S'en va battant les murs de son aile timide 

 **Et se cognant la tête à des plafonds pourris;** 

(Note : les fautes de typo sont d'origine. Les habitués du blog auront en effet remarqué qu'il manque par exemple une espace insécable ici.)

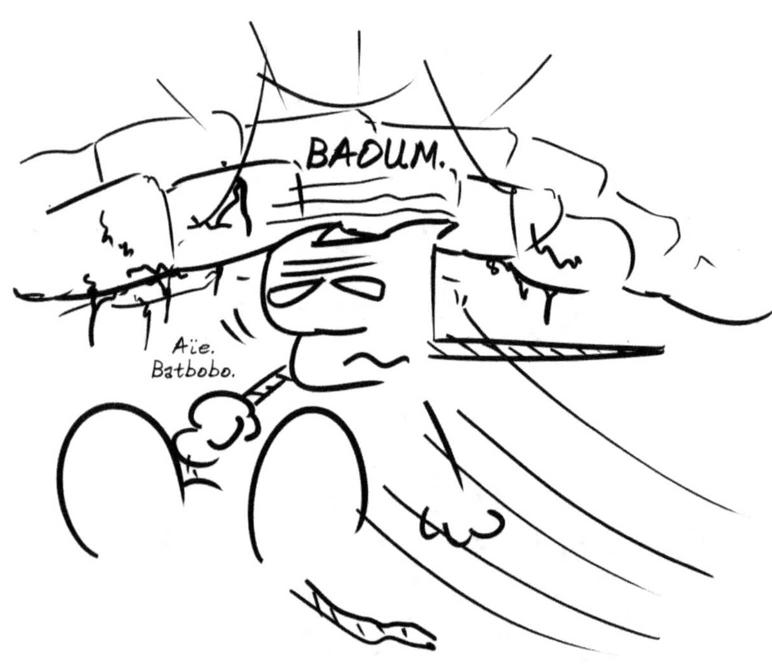

Quand la pluie étalant ses immenses traînées
D'une vaste prison imite les barreaux,

« Cachot, murs, plafonds, prison, barreaux » : notez le champ lexical de l'enfermement cher à Baudelaire.

Mathéo, tu crois que j'vois pas ton smartphone dans ta trousse ?

Cœur de Fransé

À ne pas confondre avec le champ lexical du barbecue cher à saucisse.

Qu'est-ce qu'on s'poile, les copains.

 **Et qu'un peuple muet d'infâmes araignées** 

* Langue des Signes Arachnide.

 Vient tendre ses filets au fond de nos cerveaux, 

 Des cloches tout à coup sautent avec furie
Et lancent vers le ciel un affreux hurlement, 

 «  »

Ainsi que des esprits errants et sans patrie
Qui se mettent à geindre opiniâtrement.

- Et de longs corbillards, sans tambours ni musique,
Défilent lentement dans mon âme;

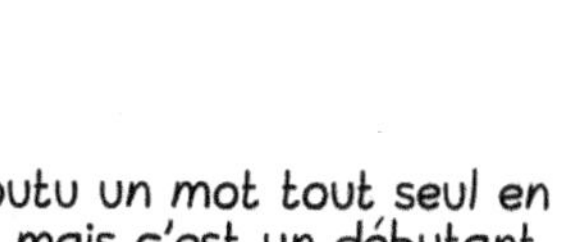

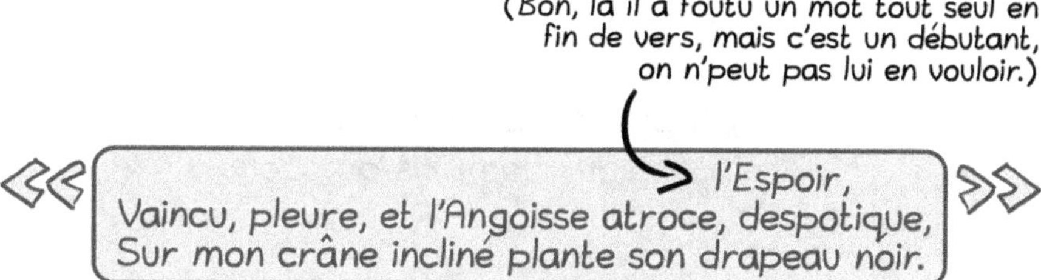
(Bon, là il a foutu un mot tout seul en
fin de vers, mais c'est un débutant,
on n'peut pas lui en vouloir.)
« l'Espoir,
Vaincu, pleure, et l'Angoisse atroce, despotique,
Sur mon crâne incliné plante son drapeau noir. »

OUUUUUUÏÏÏÏÏÏÏNNN !!!

Mouahahaha
hahaha !

Attention, ça
va piquer un peu.

Snif.

Snif.

Snif.

30°

(Oui je sais, Batman,
c'était l'Espérance, pas
l'Espoir, mais on n'est
plus à ça près.)

(Du coup l'Angoisse,
on est bien d'accord
que c'est le Joker.)

(Par contre moi, je
ne sais toujours pas ce
que je fous là.)

Voilà, c'est tout.

Eh béh, c'était spécial.
Moi j'ai pas tout compris au scénar.

Un peu confus, trop de personnages assez mal exploités.
Et le deus ex-machina avec l'apparition surprise
de l'Angoisse à la fin, un peu facile.

Harry Potter
Pourquoi je hais les films

(Pour la petite histoire, j'ai fini à 7h du mat' mais ça valait le coup.)

Mais je déteste les films.

Vraiment.

Déjà, je n'ai jamais pu piffrer Daniel Radcliffe.

Ne me demandez pas pourquoi, je le trouve foncièrement antipathique.

(Non, c'est à peine mieux en V.O.)

Beaucoup crient au scandale pour
toutes les scènes coupées.

Ça ne me dérange pas tant que ça.

Les bouquins sont hyperdenses. Les adapter entièrement
en films de 2 heures, c'est impossible.

Non, ce qui me gène, c'est la façon de trahir littéralement tout ce qui est, pour le coup, adapté à l'écran.

Comme cette fameuse scène de la Coupe de Feu :

« À présent, le professeur Dumbledore s'était tourné vers Harry qui soutint son regard en essayant de déchiffrer ce que ses yeux exprimaient derrière ses lunettes en demi-lune.

Dans le film, ça donne ça :

*Encore une fois, dans l'absolu, je me fous
que la scène du livre soit modifiée.*

Mais juste...

Dumbledore crie sur Harry.

Réfléchissez. Repensez au Dumbledore du bouquin.

Et relisez cette phrase :

Dumbledore crie sur Harry.

> ⇨ *Le Dumbledore du bouquin est excellent justement parce qu'il est calme en toute circonstance. C'est pour ça qu'il est rassurant, qu'il est impressionnant.*

Hollywood nous a servi le cliché du vieux sage de la seule *manière* qu'il sache le faire :

On pourrait aussi parler de cette fameuse scène du tome 4 où Barty Croupton fait condamner son fils Mangemort. Pour situer, Croupton est un politicien calculateur, un homme dur qui a peur de voir sa carrière entachée par un fils infréquentable. Ça se passe à peu près comme ça :

(Gamin désespéré qui supplie son père.)

(Père froid, insensible, qui condamne son fils comme un étranger et le renie.)

Bien sûr, dans le bouquin, *malgré* cette scène, le père reste dans le camp du bien et le fils reste un fumier (parce que tout n'est pas noir ou blanc dans la vie).

Seulement, c'était sans doute trop subtil pour Hollywood.

Du coup, au cinéma, nous avons eu ça :

(T'as compris, là, ou faut qu'on en remette une couche ?)

(C'est un gentil lui, t'as compris ?)

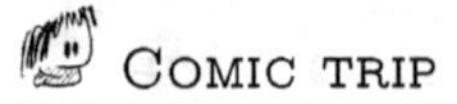

Et puis pour moi le pire, ça reste Voldemort.

Voldemort, putain...

Alors déjà, moi, dans ma tête, ne me demandez pas pourquoi, dans sa version réincarnée, il avait des cheveux.

J'ai une excuse : dans le livre où il apparaît dans sa *forme réincarnée* (La Coupe de Feu), il n'est JAMAIS dit qu'il était chauve. *En fait*, sa coiffure n'est pas mentionnée avant le septième tome : avant, on s'attarde surtout sur son nez de serpent et ses yeux rouges.

Voilà comment je l'imaginais :

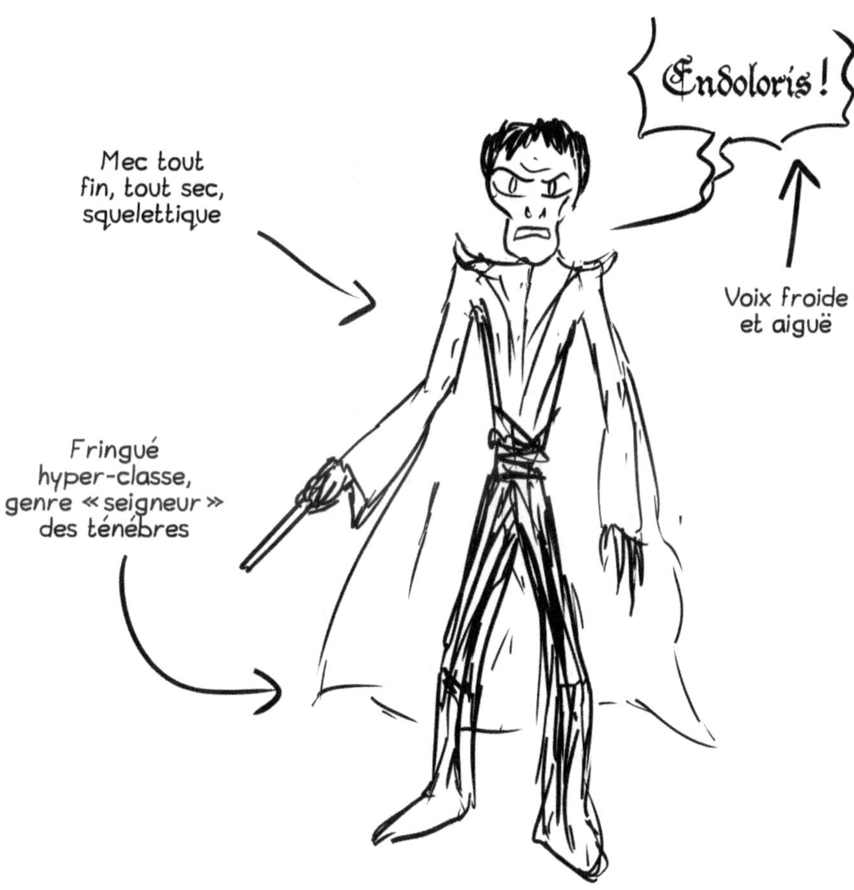

Le film étant sorti 4 ans après le bouquin, autant vous dire que cette image a eu le temps de s'imprimer dans ma tête.

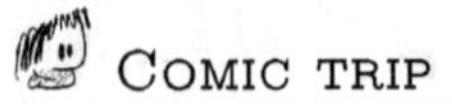

Je vous laisse imaginer ma réaction en voyant le Voldy de l'écran.

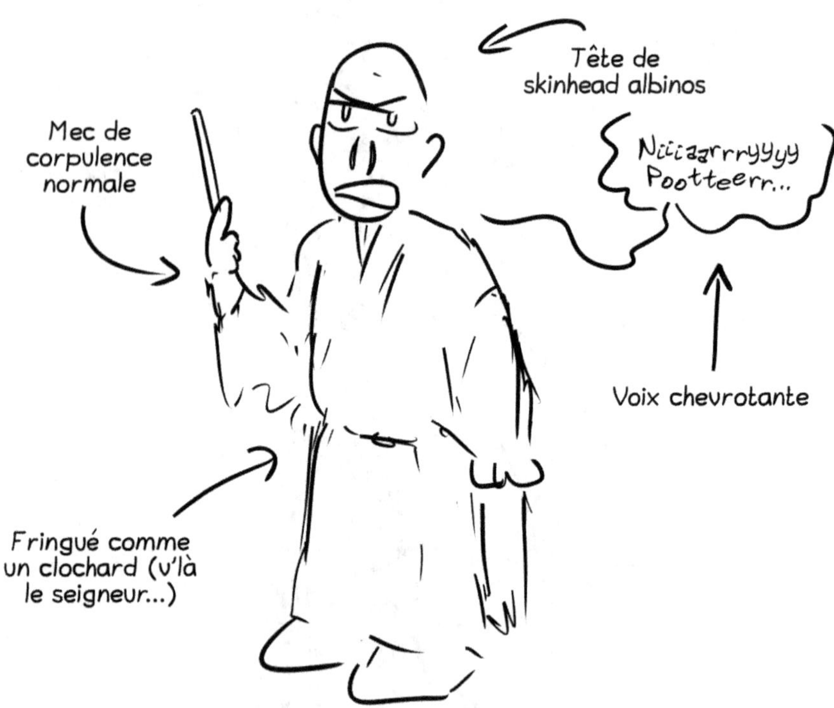

Et je passe sur toutes les incohérences apportées à l'univers, comme le fait que les personnages gardent leurs voix en prenant du Polynectar (mais pas toujours, ça dépend de l'humeur du réalisateur).

En fait, le fond du problème, c'est d'avoir voulu transposer ces bouquins en films d'action, alors que ce sont avant tout des histoires d'enquêtes (pas policières, mais pas loin).

Des rouages qui se mettent en place un
par un tout au long de l'histoire et qui forment
un mécanisme qu'on ne comprend qu'à la toute fin,
avec les dernières révélations.

L'action n'est là que pour ajouter de l'intensité à
ces dernières révélations.

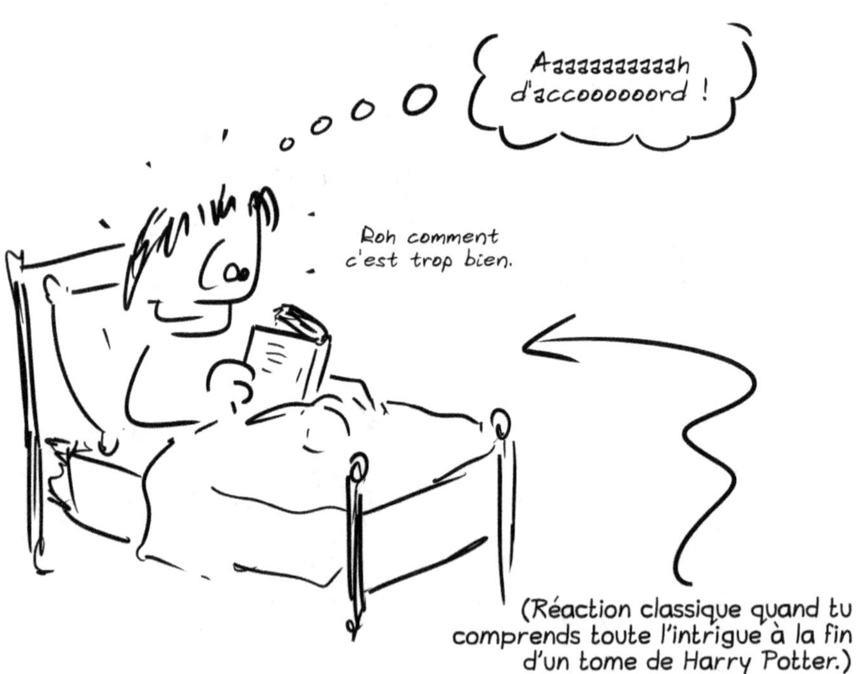

Et ce n'est PAS une question de durée.

Quand on AJOUTE des scènes qui
n'étaient pas présentes dans le livre,
c'est un choix scénaristique assumé.

Le pire, c'est qu'ils ont réussi à foirer magistralement le combat final entre Harry et Voldemort, encore une fois parce qu'il fallait en faire une scène d'action alors que le combat est avant tout psychologique dans le livre.

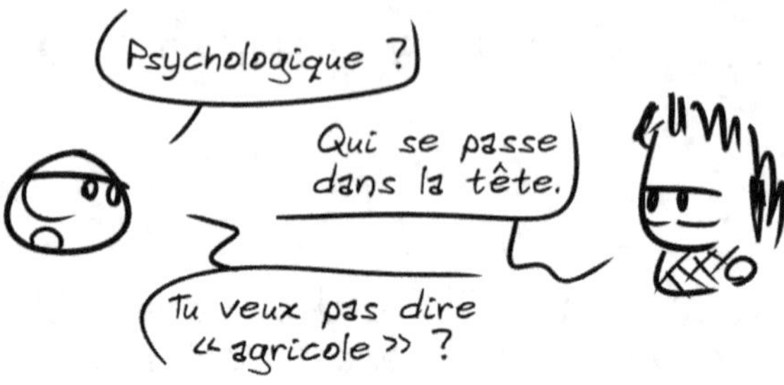

La version du livre, c'est à peu près ça :

Tu ne tueras plus personne ce soir. Tu n'apprends donc jamais de tes erreurs, Jedusor ?
Tu oses...
Oui, j'ose, Tom Jedusor. Parce que je sais des choses que tu ignores. Des choses importantes.
Est-ce que c'est encore « l'amour » ? Hahaha ! La lubie de Dumbledore, qui ne m'a pas empêché de le faire tuer !
Tu veux savoir lesquelles, avant de faire une autre erreur ?

Harry, qui a passé le plus clair des 7 livres à fuir devant Voldemort, qui avait toujours un coup d'avance et dominait Harry, inverse la tendance. Il l'appelle par son nom, il lui parle froidement, calmement. Il maîtrise la situation, pour la première fois en 7 tomes. Cette scène est la conclusion la plus satisfaisante qu'il était possible de faire après tout ce périple.

Le soleil se lève... tout a été dit...
Expelliarmus !
Avada Kedavra !

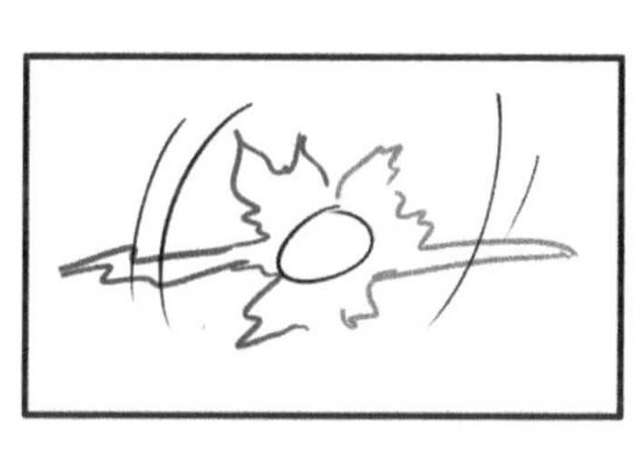

YEEEEEEEE EEAAAAAA AAAHHH!!!

Bref, cinématographiquement, ça aurait pu claquer si ça avait été géré comme un duel à la Sergio Leone.

Deux opposants qui se toisent, une tension qui monte de plus en plus et BOUM, la résolution fatale en une seconde.

Mais voilà, la version du film, c'était cinq minutes de ça :

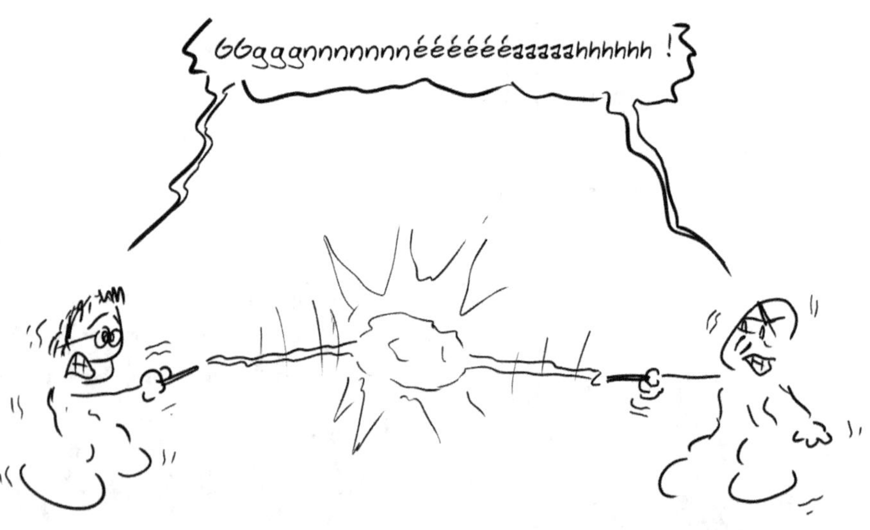

(On ne sait pas trop ce qu'ils font. Le coup du faisceau qui relie les baguettes n'apparaît qu'au tome 4, normalement. Et il correspond à un phénomène magique bien décrit qui n'a absolument rien à foutre ici.)

Et puis :

Yoopy ! J'ai fait une tête de constipé mieux que Voldy, j'ai gagné !
(Effet spécial à la con juste là pour dire qu'on sait faire des effets spéciaux à la con.)

Je laisserai donc conclure mon estimé camarade, j'ai nommé Peeves, l'esprit frappeur.

Et vive le Front de Libération des Elfes de Maison.

20/09/16 gee

Vive le son du canon

Avec la multiplication des suites, reboots, remakes, etc.*, un terme est remis au goût du jour :

Le canon.

* Voir l'article « Reboot ou remake ? »

Outre une musique comportant un thème musical repris et superposé, le canon désigne, au sein d'une série d'œuvres de fiction, la trame considérée comme officielle.

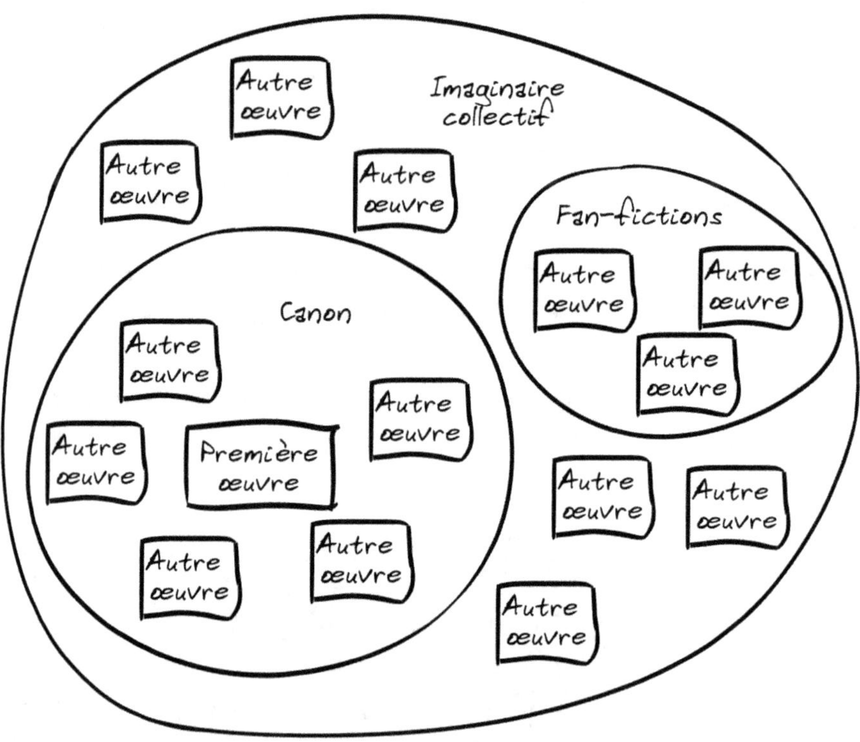

Les studios ont de plus en plus tendance à exploiter des licences jusqu'à la nausée.

En plus de produire pas mal de belles daubes, cela a un autre effet secondaire : une trame scénaristique générale souvent pas très cohérente.

On a parfois l'impression d'être devant le code source d'un logiciel qui a eu des forks, des révisions, des branches parallèles et tout un tas d'autres digressions...

Du coup, définir ce qui est canon ou pas permet de mettre un semblant d'ordre dans tout cela...

> ⚠ Ça a l'air innocent comme ça, mais il faut savoir qu'il y a des gens qui s'écharpent pour savoir si telle ou telle histoire fait partie du canon ou pas.

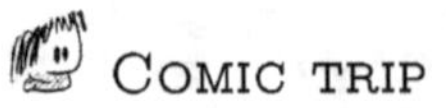

Et ça ne date pas d'hier...

Lorsque Disney a décidé de donner une suite au Retour du Jedi, ils ont dans le même temps déclaré les œuvres de l'Univers Étendu (qui décrivaient déjà la suite du Retour du Jedi) comme non-canon.

Ça leur a permis de repartir sur une histoire inédite...

... et de froisser un paquet de fans au passage.

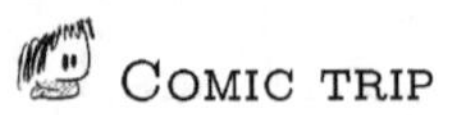

Et c'est un peu le truc qui m'échappe avec la notion de canon...

Depuis quand a-t-on besoin de l'aval des ayants droit pour s'approprier une histoire et en tirer ce qui nous plaît ?

➡️ Pour ma part, Matrix continue d'être un film unique...

Pas plus que Matrix Reloaded et je ne sais quelle autre bouillie visuelle chiante comme la mort.

Les films Indiana Jones se sont brillamment achevés sur « La Dernière Croisade ».

Le seul « Indiana Jones 4 » digne de ce nom étant « Le mystère de l'Atlantide », l'un de mes jeux vidéos préférés...

Star Wars est une trilogie composée de « La guerre des étoiles », de « L'Empire contre-attaque » et du « Retour du Jedi »...

(À ce sujet, si vous ne connaissez pas, intéressez-vous aux Despecialized Editions !)

Et l'Univers Étendu de Star Wars, au passage, pour moi, c'est juste les histoires qu'on se racontait en jouant à Luc Skaïwoqueur et Yann Solo dans la cour de l'école primaire...

(J'ai bien aimé « Le réveil de la Force », mais je considérerai l'inclusion de la nouvelle trilogie dans mon canon personnel quand elle sera terminée, pour juger l'ensemble de l'œuvre.)

Bref, les grandes boîtes de prod' détiennent déjà tous les droits sur les œuvres qui font notre imaginaire collectif... Ne leur donnez pas en plus des droits sur vos cerveaux.

Parce que vous savez quoi ?

Les seuls canons qui importent, ce sont ceux dans vos têtes !

opinions

réflexion

science

savoir

Tu sais quoi ?

culture

apprendre

anecdotes

vulgarisation

C'est drôle, plus j'écris des BD de vulgarisation sur l'informatique, plus je me rends compte que je finis toujours par parler des octets, des bits, du binaire. Même quand je fais un retour sur le célèbre bug de l'an 2000 (page 91), je me retrouve à expliquer le stockage des dates sur des entiers pour le bug de l'an 2038 (page 107).

Et je ne peux pas m'empêcher de me demander : est-ce que c'est juste une préférence personnelle qui ressort régulièrement ? C'est vrai que le binaire, l'algèbre de Boole, tout ça, ça m'amuse assez (oui, bon, pas autant qu'un épisode de *Scrubs*, mais vous voyez le genre). Mais en même temps, est-ce que ce n'est pas aussi tout simplement une nécessité quand on veut « dédramatiser l'informatique », comme j'essaie modestement de le faire avec cette section ?

Après tout, le bit, l'octet, toutes ces choses, c'est ce qui rend l'informatique concret. C'est ce qui te rappelle que, derrière la magie des logiciels qui font des milliards de choses stupéfiantes, derrière les enrobages publicitaires des fabricants de matériel... il y a des juste des transistors et un peu d'électricité qui passe dedans. Et ça, c'est en même temps complètement fou et très rassurant. Parce que ça signifie que l'informatique, ça n'est pas hors de contrôle, ça n'est pas une entité indépendante, venue d'ailleurs. C'est nous, notre intelligence, nos idées qui sont dedans.

Et aussi nos erreurs, nos approximations, nos usages parfois franchement dégueulasses : surveillance généralisée de la population, harcèlement en ligne... Allez donc jeter un œil à un épisode ou deux de *Black Mirror*, histoire d'imaginer où on peut aller si on n'y prend pas garde.

Pour résumer, ce que cette section essaie d'expliquer, c'est qu'il ne faut ni paniquer ni être naïf face à l'informatique : elle est avant tout ce que nous en faisons. Alors armons-nous (en connaissances) pour en faire quelque chose de bien.

Why Touquet ?

Derrière ce titre incompréhensible se cache un article qui, à la base, devait être une simple intro pour un autre article mais vu que l'intro commençait à être aussi longue que le reste de l'autre article, bah c'était plus simple d'en faire un article complet à lire avant l'autre article histoire d'éviter que l'autre article ne dure trois plombes. Du coup voici un article qui servira d'intro à un autre article. Qui sera publié plus tard.

Peu importe.

Aujourd'hui, nous allons parler du...

BUG DE L'AN 2000 !

(Musique d'Inception renforçant l'aspect dramatique de ce soudain titre écrit en majuscules.)

Vous vous souvenez très certainement tous de ce fameux « bug de l'an 2000 » dont on annonçait avec fracas à la fin des années 90 qu'il allait foutre par terre les communications, l'économie et même le monde.

Dans les pays anglophones, on a rapidement surnommé ce bug « Y2K » (prononcé « waïtoukéï » ce qui explique ce titre désopilant et typique de l'humour stupide qui règne dans ce bouquin).

Ce qui est simplement l'abréviation de « year 2000 » avec le K de « kilo ».
C'est un peu comme si on l'avait appelé « l'an 2 kilos ».
Prendre 2 kilos au nouvel an, j'vois pas en quoi c'est un bug.
C'est même une feature de base, on peut faire beaucoup plus !

Bref.

Résumons rapidement ce qu'était le « bug de l'an 2000 » :

Je synthétise mais en gros, c'était ça.

Oui, on a tendance à l'oublier, mais il fut un temps où la mémoire était si rare qu'il était primordial d'économiser 2 chiffres par date stockée.

* La preuve, j'ai moi-même moins de 40 ans et je n'y connais absolument rien. Mais j'aime partager mon ignorance.

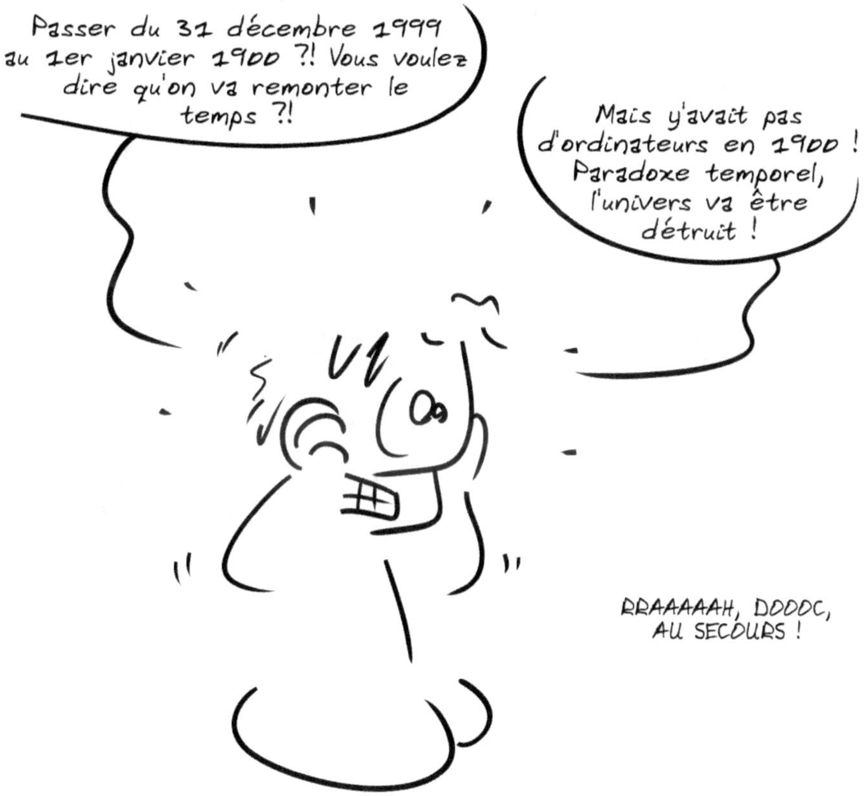

(Là c'est juste un journaliste un peu benêt qui a oublié que l'ordinateur n'était pas une baguette magique mais juste une grosse calculatrice, mais même sans ça c'était un peu la panique quand même.)

(Allégorie de la résilience et de la rationalité de la finance mondiale.)

L'idée était que ça allait foutre en l'air toutes les dates (vu que l'année 1900 n'avait pas les mêmes jours et semaines que l'année 2000) et que ça allait être un peu gênant pour tout ce qui touchait aux communications numériques, et par extension, pour l'économie, l'administration, la vie, l'univers et tout le reste.

Bon, finalement il ne s'est pas passé grand chose, le grand effondrement n'a pas eu lieu.

Enfin...

En tout cas, pas tout de suite et pas là où on l'attendait.

(Allégorie de la résilience et de la rationalité de la finance mondiale, figure 2.)

La question demeure : est-ce qu'il y avait réellement un gros risque MAIS dont les effets ont été largement atténués parce qu'on s'y était suffisamment préparé ?

➡️ Ou est-ce que le problème a largement été surestimé pour vendre plein de logiciels correctifs ?

Nous ne trancherons pas la question dans cet article.

M'enfin d'un point de vue personnel, j'ai
quand *même* ma p'tite idée.

(Surtout qu'on parle d'un total de 300 milliards de dollars dépensés
dans le monde pour se préparer à ce fameux bug.)

Parce que bon, la technique, on la connaît :

Toujours est-il que la plupart des systèmes de type Unix n'ont pas eu trop de soucis parce qu'ils ne stockent pas les dates de cette façon. Par contre, un autre danger mena...

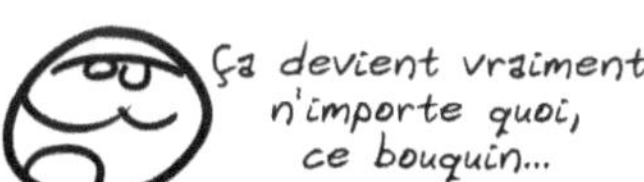

TO BE CONTINIOUDE...

07/04/16 gee

Le bug de l'an 2038

La dernière fois, nous avons parlé du fameux bug de l'an 2000 (alias Y2K ou « Why touquet ? » pour la blague, hoho qu'est-ce qu'on se gausse oulalah je n'en peux plus j'ai mal aux côtes). Passons au vif du sujet : le bug de l'an 2038.

(*Enfin, si mon smiley me lâche un peu la grappe, je pourrais peut-être passer au vif du sujet.*)

DONC.

Lors du passage à l'an 2000, les systèmes de type Unix n'ont pas eu trop de souci, et pour cause : les dates n'y sont pas stockées sur deux chiffres décimaux mais sur 32 bits (soit 4 octets*).

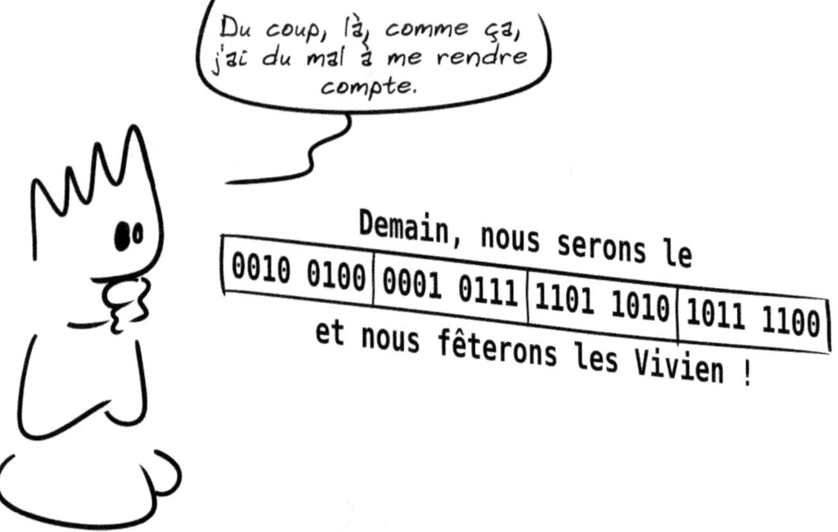

* Si vous êtes largués, je vous renvoie à l'article « Bit, Byte, Bitten » disponible dans le Tome I de Grise Bouille.

> *Pour être précis, la date et l'heure sont communément stockées dans un nombre unique que l'on appelle « timestamp » et qui correspond au nombre de secondes écoulées depuis l'origine du temps.*

Petite précision : quand je dis « l'origine des temps », je ne parle bien sûr pas de l'an 0 de notre calendrier grégorien mais du 1er janvier 1970 à minuit précise.

Pourquoi cette date ?

Parce que c'était une putain de bonne année, mec.

1970

1970

Baaaaaby since I've been loviiing youuuu, yeeeaaah!

1970

1970   1970

1970

1970

1970   1970

1970

1970

Who knows? Not me. I neveeer lost controoool...

1970

1970

1970

1970

1970

1970   1970

Meeuuuuuuuuhhh !!!

1970

1970   1970

1970

1970

1970

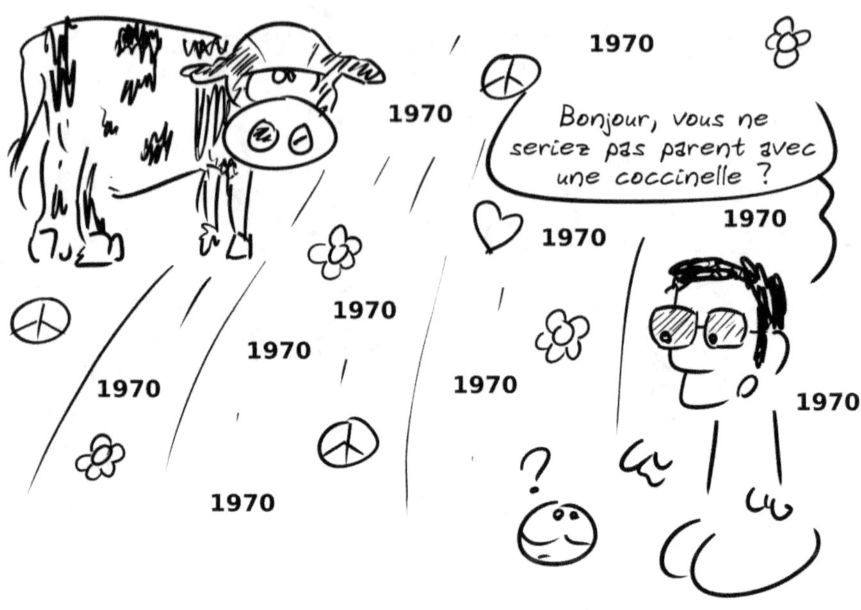

Bon, en fait c'est juste que ça s'est décidé au début des années 70 et qu'on a pris au plus proche.

(D'ailleurs ce fut un temps le 1er janvier 1971 qui avait été choisi, allez savoir pourquoi.)

Bref.

La date est donc stockée dans un nombre entier,
un « integer » de son petit nom en anglais.

* #trueStory, si on pouvait prévenir les profs d'info de France qui enseignent la faute de prononciation à chaque génération d'élèves...

> Il s'agit souvent d'un entier signé, c'est-à-dire que sur les 32 bits, il y en a un qu'on utilise pour savoir si le nombre est négatif ou positif.

* Led Zeppelin. Ouais, ils ne sont pas nés le 1er janvier 1970 mais Jésus de Nazareth n'est pas non plus né le 25 décembre 1 alors de quoi j'me mêle, hein.

⚠ Ce dont il faut bien avoir conscience, c'est que si ce timestamp est stocké sur une taille fixe (31 bits + le bit de signe), c'est bien qu'il a une valeur maximum.

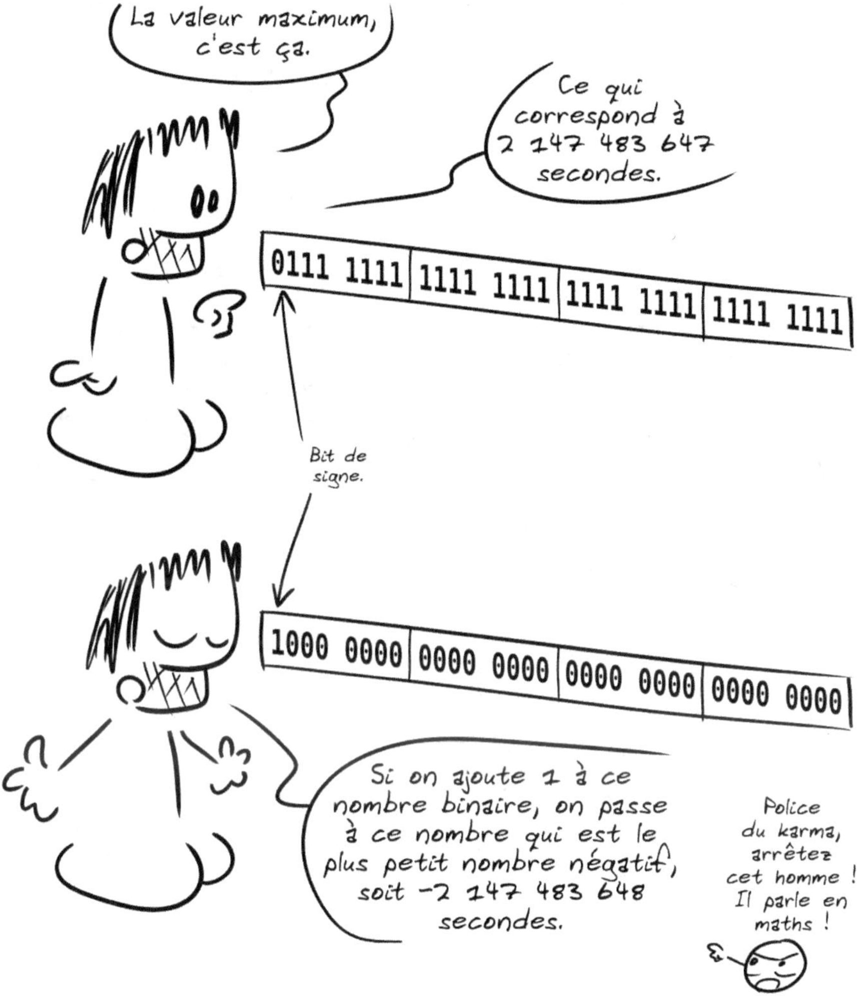

Nous pouvons donc, à l'aide de ces valeurs, donner la date de la fin du monde dans l'univers Unix, exactement 2 147 483 647 secondes après le 1er janvier 1970 à minuit :

> ## Le 19 janvier 2038 à 3h 14min 7s.

Ensuite, que va-t-il se passer ? Eh bien, plus ou moins la même chose qu'avec le bug de l'an 2000 : on va reboucler sur la plus ancienne date représentable.
C'est-à-dire le 13 décembre 1901, 2 147 483 648 secondes avant le 1er janvier 1970.
Passer du 19 janvier 2038 au 13 décembre 1901 ?! Vous voulez dire qu'on va remonter le temps ?! Mais y'avait pas d'ordinateurs en 1901 ! Paradoxe...
Oh non, pas encore lui...

Alors, comment faire pour régler ce problème qui va arriver relativement vite ?

Surtout si on travaille déjà avec des dates d'un futur assez lointain...

* Dépassement d'entier : ce qui arrive quand on essaie de compter au-delà du maximum représentable par un integer (exactement le bug de l'an 2038 donc).

** Et là, il va se passer quoi ? Un ? Un ? Un bug. Suivez, un peu.

> Plusieurs solutions : tout d'abord, bien sûr, passer à un format non-signé (le bit de signe est donc remplacé par un bit standard, ce qui porte la taille du nombre à 32 bits).

> Ou bien sûr, stocker les dates sur 64 bits au lieu de 32, ce qui est d'ailleurs déjà le cas sur les systèmes Unix 64 bits. Du coup la date butoir se situerait dans 292 milliards d'années. C'est-à-dire dans vachement longtemps.

Non mais sérieusement, quand je dis vachement longtemps, c'est...

Vachement.

Longtemps.

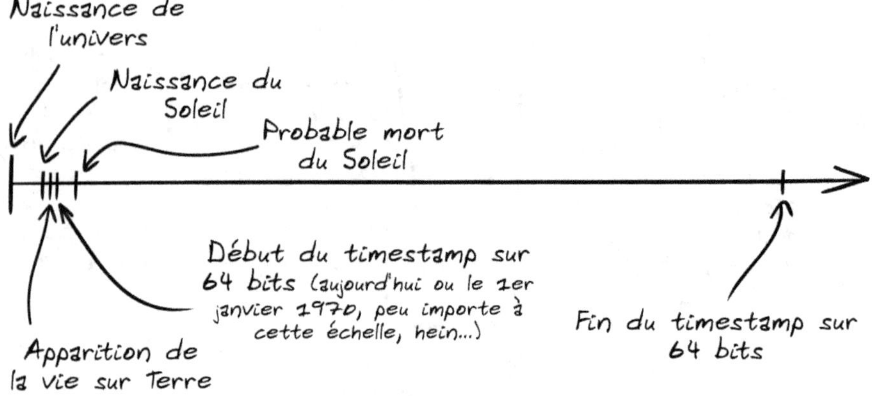

Pour conclure, on entendra sans doute quand
même parler du bug de l'an 2038
dans les années à venir.

*Parce que même si la plupart des systèmes seront à jour d'ici là, il ne
faut jamais sous-estimer l'inertie en informatique...*

Citations apocryphes

Une citation apocryphe n'est pas, comme on pourrait le croire, une citation en forme d'animal fantastique à tête d'aigle et à corps de cheval.

Le mot apocryphe vient du latin apocryphus qui lui-même vient du grec apocryphos (je caricature à peine, vous pouvez vérifier).

Apocryphus/os sont des mots qui signifient « caché » ou « secret ».

Une citation apocryphe est une citation que l'on attribue à tort à quelqu'un.

Prenons un exemple au hasard. Jean-Hubert veut briller en société. Pour ce faire, il fait appel aux deux *ronds de culture* qui traînent dans un recoin de son cerveau par ailleurs très occupé par des émissions de télé navrante (un pléonasme, je sais).

Notez qu'il s'agit en l'occurrence d'un cas très particulier ici puisque, vu la citation, on pourrait carrément parler de diffamation à mon égard.

La plupart des citations apocryphes connues le sont parce qu'elles sont crédibles et qu'il aurait effectivement été possible que leurs auteurs supposés les aient prononcées un jour.

Alors que bon, soyons sérieux, moi, quand on me cause nazisme et tout, j'ai à peu près la même analyse qu'un célèbre professeur américain :

* Là c'est une citation non-apocryphe. Notez que ça ne lui confère pas un intérêt énorme pour autant. Ça va, vous suivez ?

Mon exemple n'était donc pas crédible, mais une bonne citation apocryphe, normalement, la plupart des gens sont persuadés qu'elle est authentique. La plus célèbre est sans doute la suivante :

> On pourrait aussi parler de Galilée qui n'a jamais dit ça :

En réalité, ça se serait plutôt passé comme ça :

(Je sais, ça désacralise un peu la légende, mais honnêtement moi aussi j'aurais baissé mon froc vu l'ambiance de l'époque...)

> La citation apocryphe présente les *mêmes* avantages que la citation normale, comme celui de pouvoir s'approprier l'intelligence d'un autre pour appuyer son propre propos (particulièrement utile quand on en manque)...

* Nope. Apocryphe également. Après on sera probablement pas jouasses sans les abeilles, mais c'est un autre problème. Et ça ne rend pas la citation authentique.

> ⚠ Sauf que bien sûr, la citation apocryphe ne s'embarrasse pas de basses considérations comme la vérité historique.

Pour conclure, les citations, c'est comme le reste : pensez à les vérifier. Et dans tous les cas, apocryphe ou non, attention à l'argument d'autorité : aucune citation ne devrait couper court à un débat. Et aucune personne, aussi illustre soit-elle, n'énoncera la vérité absolue au détour d'une phrase un peu classe.

Notons néanmoins que la citation apocryphe peut donner une mission supplémentaire aux personnes dont le passe-temps favori consiste à pointer les erreurs que font les gens sur Internet.

> Mais le combat n'est pas facile... parce ce que la citation apocryphe est un peu l'équivalent littéraire d'une légende urbaine : une fois qu'elle est connue et assimilée par le plus grand nombre, il devient très difficile de rétablir la vérité.

Des zéros et des uns

Les zéros et les uns, c'est effectivement la base de tout dans un appareil informatique (ordinateur, téléphone, télé connectée, bref, tout ce qui contient un microprocesseur).

> Mais demander où sont les zéros et les uns quand on regarde un écran, c'est comme demander où sont les atomes quand on regarde une maison.

Voyons voir comment on construit une maison (un logiciel)
à partir d'atomes (des zéros et des uns).

> Un processeur, ça contient plein de petites choses qui s'appellent des transistors.

Un transistor, dans le contexte, ça permet de stocker une information simple : ouvert ou fermé ; courant qui ne passe pas, courant qui passe ; faux ou vrai. Bref, zéro ou un.

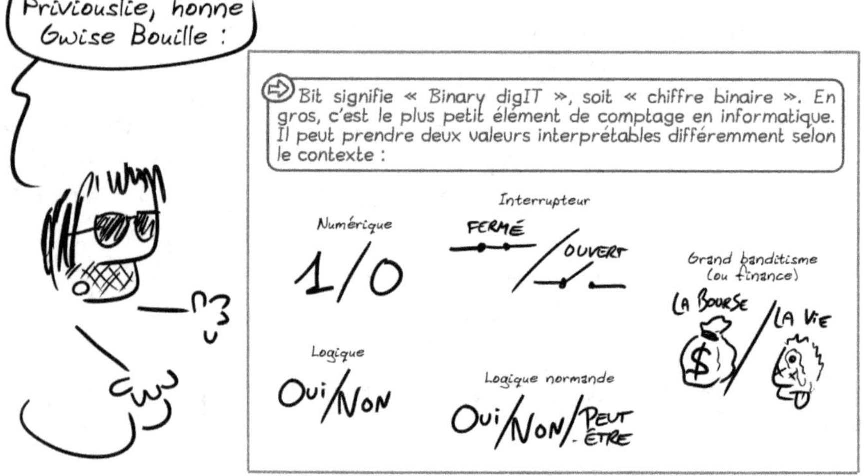

(Voir l'article « Bit, Byte, Bitten » disponible dans le premier tome de Grise Bouille.)

On peut assez facilement comprendre comment on utilise ça pour stocker des informations complexes : on utilise un codage interprété par l'ordinateur.

C'est comme ça que naissent les formats de fichier.

> Un fichier, c'est une suite de bits auquel on va donner un sens selon une norme prédéfinie : le format (par exemple HTML, MP3, WAV, JPEG, etc.).

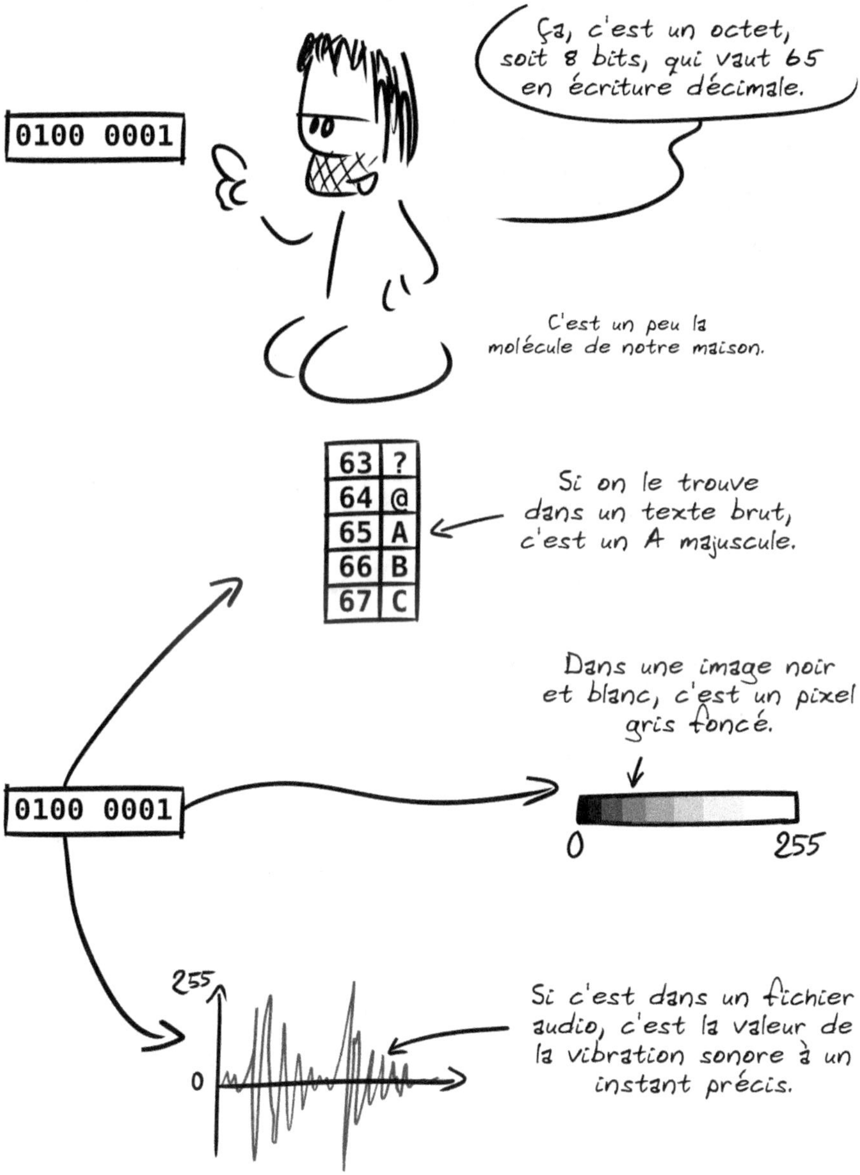

Bien sûr, il y a des formats plus complexes ou
compressés, mais le principe reste le même :

une suite de bits, c'est une information
qu'on interprète différemment selon le contexte.

D'accord pour le stockage, mais le reste ? Un
logiciel, ce n'est pas que du stockage, ce sont
surtout des actions.

*Eh bien, c'est le même principe que pour le stockage
en utilisant encore un autre format :*

au lieu de simplement interpréter les suites d'octets comme des textes à afficher, des vidéos à diffuser ou des musiques à jouer... l'ordinateur peut les interpréter comme des suites d'instructions.

C'est ce qu'on appelle un programme.

Et absolument tout ce que fait un ordinateur peut être décrit comme une trèèèèèèès longue suite d'instructions de ce genre.

*(Voir l'article « Les ordinateurs sont cons »
disponible dans le premier tome de Grise Bouille.)*

Bon, j'ai commencé à développer mon programme.
Plus que 12000 milliards d'instructions à écrire et je suis au bout ! Ouais !
Oui, alors bien sûr, on ne s'amuse jamais à développer un programme en écrivant chaque zéro et chaque un individuellement, tout comme on ne construit pas une maison atome par atome.

T'aurais pu le dire avant, j'avais presque terminé, là...

Mais le monde informatique
est une création humaine et il faut donc
quand même bien « inventer » ces briques de bases.

(Alors que dans le monde physique, elles sont déjà un peu
assemblées par le hasard, par Dieu ou par quelle que soit l'explication
de l'origine de l'Univers qui vous aide à dormir la nuit.)

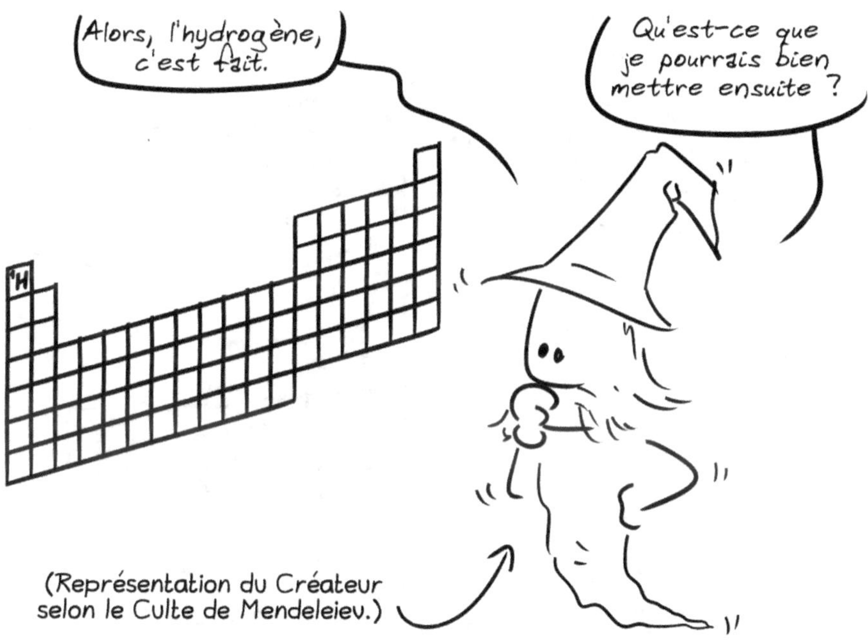

(Représentation du Créateur
selon le Culte de Mendeleiev.)

Comme écrire des zéros et des uns, c'est
assez illisible pour un être humain, on a inventé une
façon un peu plus claire d'écrire des instructions :

l'assembleur.

C'est le langage le plus « bas niveau » (c'est-à-dire proche de la machine) qui existe après le binaire.

En gros, on a juste traduit les instructions binaires avec des mots-clefs.

Ici, on a une simple correspondance,
SET A 126 -> 0010 1000 0111 1110. Mais tous
les processeurs n'ont pas les mêmes instructions disponbiles !
Il y a donc plusieurs langages assembleurs...

Bien sûr, ça reste très compliqué d'écrire des choses un peu conséquentes dans un langage si bas niveau.

Quand j'étais en école d'ingénieur, notre premier TP d'assembleur, c'était 4 heures pour coder... une multiplication.

Et des gros branlos, ce qui n'aidait sans doute pas.

Bah tiens. On se serait pas douté.

Du coup, ce qu'on code en assembleur, ce sont des briques élémentaires un peu plus grosses que les instructions de bases, briques qu'on va réutiliser intensivement.

C'est ce qui va donner les langages de programmation, qui nécessitent d'être transformés en binaire par une opération complexe (la compilation ou l'interprétation selon les langages) et pas simplement « traduits » mot à mot comme l'assembleur.

Je veux calculer la racine carrée de 2. Ça se dit sqrt(2) en langage C.
Hein ?! Mais j'comprends rien à ça !
PAS DE PANIQUE !
Dooooooooh.
JE SUIS LÀ !
GCC
Super Compilateur

On a quitté le monde moléculaire pour arriver aux matières premières, au sable, à la terre, à l'eau...

Par exemple, ci-dessus, on avait un calcul de math un peu plus poussé qu'une simple addition mais qui est déjà précodé et disponible dans la bibliothèque standard du langage C.

Et à partir de là, on a tout ce
qu'il faut pour construire une maison.

Notre langage et notre bibliothèque standard
nous donnent peut-être accès aux matières premières,
au sable, à la terre... mais on trouve des langages et des
bibliothèques de plus haut niveau qui fournissent des fonctions
beaucoup plus avancées (on serait au niveau du ciment,
du plâtre, même des briques et du placo).

Très souvent, ces bibliothèques se basent sur les bibliothèques standards qui elles-même sont basées sur des morceaux d'assembleurs qui se traduisent, pour finir, en binaire !

Au moins ça, c'est juste une molécule...

Voilà comment, au final, on construit des programmes complexes (des *maisons*) : en utilisant parfois des objets préconstruits (des *poutres, des dalles*) basés sur des fonctions complexes (du *ciment, du plâtre*) basées sur des fonctions simples (du *sable, du bois*), basées sur des morceaux de code très bas niveau (des *molécules*) qu'on peut traduire en une suite de bits : des zéros et des uns (des *atomes*).

Ordinateur, je voudrais afficher un triangle à l'écran. Avec la bibliothèque graphique OpenGL, ça se dit :
glBegin (GL_TRIANGLES);
glVertex3d (0.0, 0.0, 0.0);
glVertex3d (0.0, 0.0, 1.0);
glVertex3d (2.0, 0.0, 0.0);
glEnd ();
WHAT THE FUCK ?!
J'ai pas compris grand chose non plus.
J'arriiiiiiiiive !
GCC
Alors, petit compilateur, voici comment on fait ce qu'il demande avec tes fonctions de base.
Okay. Te plante pas parce qu'il faut que je retranscrive en binaire après...
On commence à être un peu serrés, ici...
GCC
OpenGL

Voilà.

Nous avons à peu près fait le tour même si j'ai un peu simplifié.

On ne construit pas une maison en assemblant des atomes à la main, on ne construit pas un programme en écrivant des zéros et des uns à la main. Mais une maison, ça reste des atomes. Un programme, ça reste des zéros et des uns.

Notez, pour finir, que l'assembleur reste utilisé « à la main » pour des morceaux de code critiques (ou tout simplement pour optimiser les fonctions bas niveau), sans parler d'anciens programmes « conséquents » et développés quand même directement en assembleur (pour des raisons de performance, la plupart du temps).

~~Yourbane lédjende #sisi #tavu~~
Légendes urbaines

Vous vous *rappelez*, quand je vous avais parlé des citations apocryphes ? J'avais dit que c'était un peu l'équivalent littéraire des légendes urbaines.

> Bah voilà, aujourd'hui, c'est de ça qu'on cause : des légendes urbaines.

Alors tout d'abord, distinguons deux types de légende urbaine : d'abord, la légende au sens propre, l'histoire fictionnelle populaire mais que certains croient véridique.

Punaise, c'est chaud de faire du stop quand t'es albinos...
AAAAAAAAHHHHH, LA DAME BLAANCHE !!!
VRRRRRRRRR...

Mais surtout, ce dont je vais parler aujourd'hui : les idées reçues, les savoirs populaires qui sont complètement faux mais continuent d'être crus et colportés en masse de nos jours.

Parce que ça, tout le monde peut potentiellement en être victime et participer à leur prolifération.

Même des gens bien.

Même moi, ça m'est arrivé, c'est vous dire si j'suis sérieux quand je parle de gens bien.

Commençons.

> Déjà, il va falloir être fort, mais il faut que vous le sachiez* : il n'y a pas tant de fer que ça dans les épinards. En fait Popeye planquait des stéroïdes dans des boîtes d'épinards, d'où la confusion.

* Et pas seulement dans la colle, je sais, Pierre.

Bon, attaquons-nous à un plus gros poisson :

La Grande Muraille de Chine.

Une bonne fois pour toutes : on ne la voit pas depuis l'espace, c'est une légende urbaine !

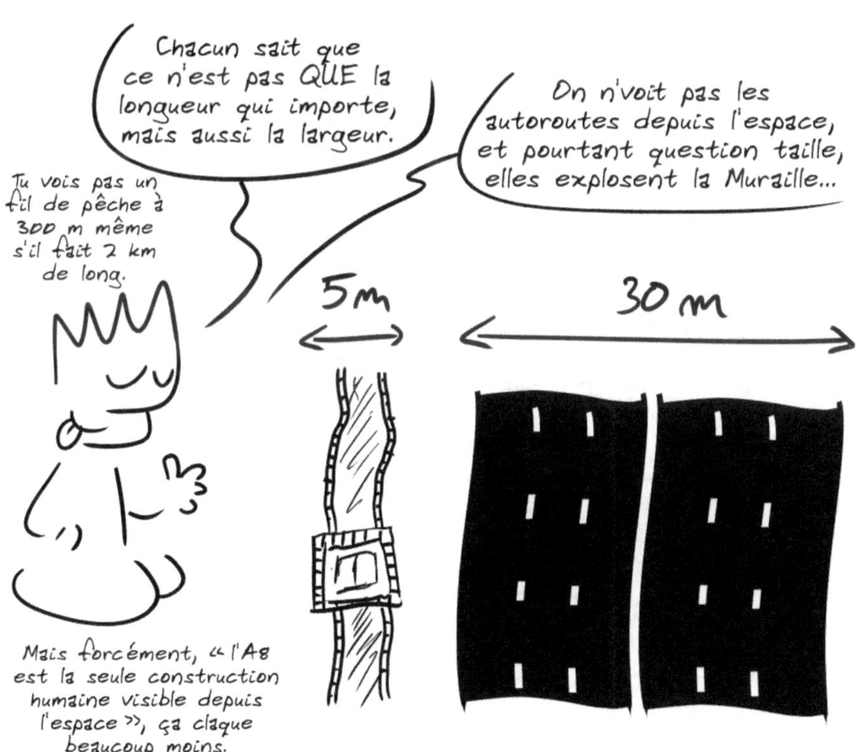

Et puisqu'on parle de poisson, tiens :

Le poisson rouge.

Cinq secondes de *mémoire*, vous avez dit ?

Eh bah pas du tout. Du coup, oui, il s'emmerde vraiment dans son bocal. Étonnant, non ?

Après, ce n'est pas une raison pour larguer
votre poisson rouge dans l'évier.

D'ailleurs, dans l'évier, l'eau s'écoule en faisant un tourbillon dans quel sens ?

En fait, Coriolis est négligeable à cette échelle : le sens de rotation dépend bien plus de la forme du lavabo ou de tout un tas de facteurs très aléatoires...

Alors les enfants ?

On s'amuse bien avec tonton Gee, hein ?

Vous en voulez encore, des légendes urbaines ?

Petit aparté : une légende « urbaine » est appelée ainsi parce qu'elle est moderne, ce n'est pas un héritage de nos terroirs. Par opposition, je n'ai jamais compris pourquoi on réservait le terme de musique « urbaine » au rap et assimilés.

Comme si Led Zeppelin ou AC/DC étaient des campagnards.

Mais passons.

Parlons maintenant d'une bestiole dont on se passerait bien : le moustique.

Eh bah figurez-vous que le moustique n'est absolument pas attiré par la lumière. Du coup quand on dîne dans le noir en été pour éviter de l'attirer avec la fenêtre ouverte, ça doit doucement le faire marrer.

En fait le moustique est attiré par le dioxyde de carbone qu'on rejette en respirant.

Autant dire qu'on est foutus.

Du coup, vous pouvez laisser les lumières allumées avec les fenêtres ouvertes, les moustiques vous trouveront de toute façon.

Après, je me dédouane de toute responsabilité pour les éventuelles conséquences sur d'autres animaux.

Terminons enfin par le Père Noël.

Je vais d'ailleurs mettre ma casquette de *Lorrain* pour rappeler que le Père Noël est principalement inspiré par Saint Nicolas, sa couleur finale rouge est donc assez logique et a été fixée bien avant les campagnes de pub de Coca.

SAINT NICOLAS
(Mi-Père Noël mi-Gandalf)

COMPÉTENCES :
+3 en distribution de bonbons
+2 en résurrection de gamins découpés par un boucher
+2 en patronages divers (écoliers, Lorrains, etc.)

PÈRE FOUETTARD
(qui a depuis fondé un florissant Empire Galactique)

COMPÉTENCES :
+2 en coups de triques
+1 en boucherie sur marmot (mais il a arrêté, monsieur le juge, c'est promis)

Et voilà !

C'était un petit inventaire des légendes urbaines
qu'il va falloir arrêter d'alimenter.

Parce que quand même, on est des adultes,
et au bout d'un moment il faudrait...

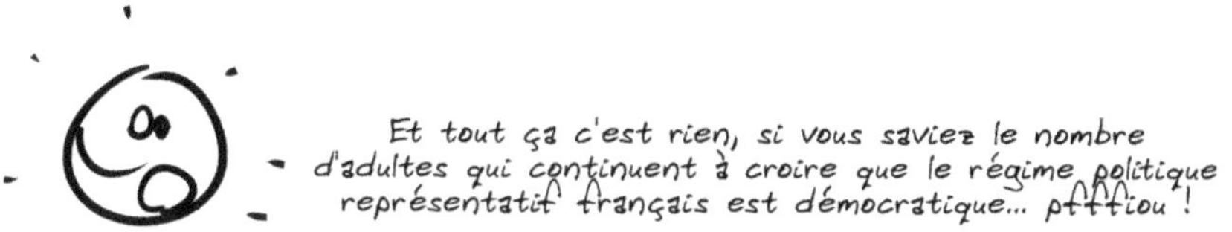

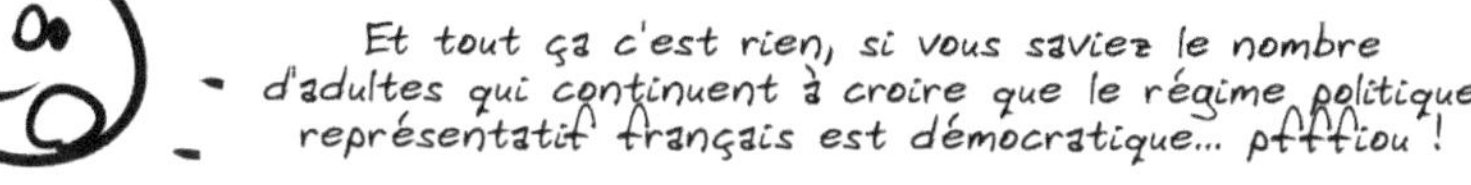

06/09/16 gee

Panique algorithmique

« Algorithme ». C'est le nouveau mot à la mode, celui qu'on nous ressort à toutes les sauces même si on ne sait pas du tout de quoi on parle. Il a même eu l'honneur d'une couverture du Point récemment :

Notez que le mot « algorithme » vient de « Al-Khuwarizmi », nom d'un mathématicien perse du IXe siècle.

De là à dire qu'il faudrait que *Le Point* arrête de taper systématiquement sur les musulmans, il n'y a qu'un pas.

En tout cas, puisque la presse a décidé de faire de ces « algorithmes » un énième épouvantail à cons (après les roms, le burkini, les casseurs en manif et les chômeurs), je pense qu'il est nécessaire de dédramatiser un peu le sujet.

Un algorithme, c'est juste une suite d'instructions appliquées méthodiquement pour obtenir un résultat.

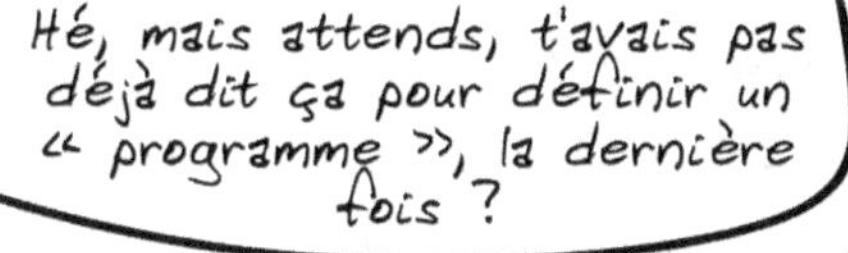

C'est qu'il nous prendrait pour des lapins de 6 semaines, le mec.

Précisément.

Un programme et un algorithme, ce sont deux notions proches.

Namého.

> On confond d'ailleurs parfois les deux mots. Pour faire simple, on pourrait dire qu'un algorithme est une notion abstraite et qu'un programme est sa représentation concrète.

* Je ne parle bien sûr pas du son émis (qui est une vibration sonore bien concrète) mais du concept même de « mélodie ».

Un programme est donc
un algorithme qu'on représente
dans un langage informatique.

Et le joueur de saxo, dans tout ça, c'est l'ordinateur.

Mais un algorithme, en tant que suite d'instructions suivies
méthodiquement, ça se passe d'ordinateur.

Vous en utilisez vous-même tous les jours.

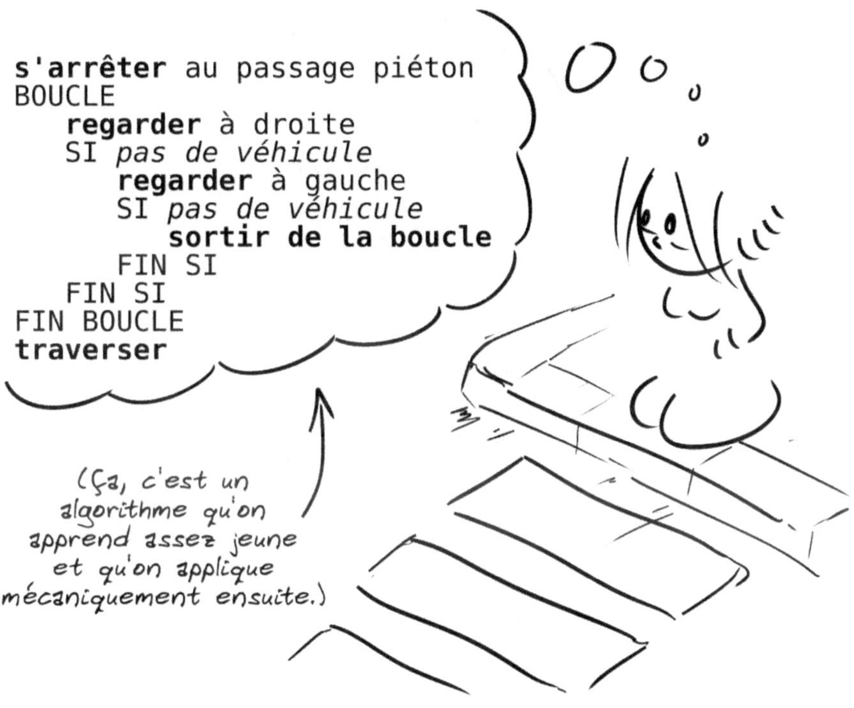

Bien sûr, nous ne pouvons pas
définir chacune de nos actions sous forme
d'algorithmes bien définis et inaltérables.

Déjà, parce que ce serait assez triste...

(Oui bon, okay, y'a des gens qui le font.)

... mais aussi parce que la vie est complexe, changeante et qu'une suite d'instructions définies à un instant ne va pas forcément convenir à toute situation.

> *Néanmoins, pour tous les domaines bien balisés, comme l'administration, des algorithmes aussi rigides que des programmes informatiques sont déjà utilisés depuis belle lurette.*

Dans ce genre de cas, remplacer l'humain par un programme ne comporte que des avantages : le programme va immensément plus vite, ne se fatigue pas, ne se trompe pas (s'il est codé correctement) et fera toujours exactement ce qu'on lui demande.

Oui, *mais alors, vous allez me dire :* avec une administration humaine, on peut discuter, négocier. Les fonctionnaires ont une latitude que n'aura jamais une machine et peuvent s'écarter des instructions (c'est-à-dire de l'algorithme) si besoin.

Blague à part, si pas mal de choses dans nos vies sont déjà gérées par des algorithmes bien rigides et définis, qu'est-ce qui fait peur lorsque l'on parle d'algorithme ?

Tout d'abord, l'opacité.

L'opacité est source de craintes et elles sont justifiées.

Si on peut facilement vérifier selon
quelles règles fonctionne une administration (même
si c'est parfois la Maison des Fous d'Astérix), c'est
impossible avec un programme opaque.

> **⚠ Pour cela, il y a une condition qui devrait être non-négociable : tout programme utilisé pour les besoins des services publics devrait être à source ouverte. De la *même* manière que les textes de lois sont en accès libre.**

Une autre crainte ?

> **L'arbitraire.**

De deux choses l'une. Soit l'algorithme est déterministe :

Et dans ce cas, il n'y a pas de différence fondamentale entre un programme et une armée de fonctionnaires qui classent des formulaires selon des règles précises.

Notez que les algorithmes non-déterministes ont tout autant d'intérêt que les autres, même si les usages diffèrent.

Typiquement, si un croupier utilise un algo déterministe pour mélanger ses cartes, ça va moyennement bien se passer.

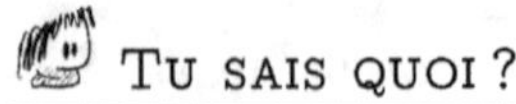

Mais que penser alors de l'aléatoire dans des algorithmes ayant une influence certaine sur nos vies ?

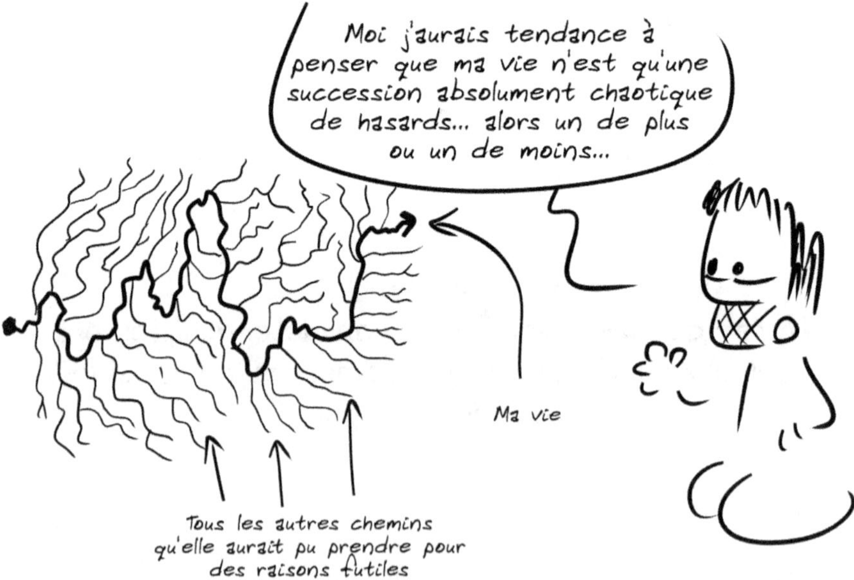

Mais ça, ça n'est que mon opinion.

Bah oui, c'est une question d'opinion !

⚠ Et c'est là toute l'arnaque : si un algorithme, c'est neutre, choisir d'utiliser un algorithme pour gérer tel ou tel aspect de la vie publique, par contre, c'est un choix politique !

Et c'est bien le cœur du problème !

Quand le gouvernement a mis en place le flicage généralisé de la population française avec la Loi Renseignement, on a utilisé le mot « algorithme » comme un mot magique :

BULLSHIT.

Que les comportements suspects soient repérés par un fonctionnaire, un algorithme ou le chien de ma belle-sœur, fondamentalement, on s'en tamponne le processeur !
Ah oui mais si vous maîtrisez le sujet, c'est pas du jeu !

Si l'anonymat est levé par le programme, c'est qu'il n'a jamais existé ! L'algorithme ne dispose de ni plus ni moins d'informations que celles qu'on lui donne ! Donc la population est bien fliquée intégralement, quoi qu'il arrive !

Bref, retenez 3 choses sur les algorithmes :

1. Il n'y a pas à en avoir « peur ». Un algorithme, ce n'est jamais qu'un processus défini qui pourrait tout aussi bien être effectué par un/des humain(s) (il le ferait moins vite, c'est tout).

Exemple : si la machine à composter de la SNCF était un être humain.

* Si si, je vous assure, ne vous embêtez pas à le retourner, réessayez juste dans le même sens.

2. Par contre, faites gaffe à ce qu'on vous vend avec ce mot. L'algorithme n'est jamais qu'un moyen. Cherchez toujours la fin derrière ce moyen. Parce que c'est sur ce point que devraient se jouer les débats politiques qu'on essaie de détourner en nous enfumant avec un mot à la mode.

3. Et enfin, vous allez dire que c'est une idée fixe, mais...

Hit it, guys!
PAS D'ALGORITHME ACCEPTABLE SANS ACCÈS AU CODE SOURCE !

actualité

logiciel libre

informatique

libertés

Dépêches Melba

veille

nouvelles

culture libre

droit d'auteur

Framablog

Les *Dépêches Melba* proposent des sujets d'actualité autour du Libre, publiés conjointement sur le *Framablog* depuis l'époque du *Geektionnerd*.

Cette section est sans doute celle qui a le plus souffert de ce tiraillement que j'évoquais en introduction, entre satire politique et délire de décompression. Oui, l'actualité du logiciel libre et des cultures libres n'a pas été ma priorité cette année : seuls 4 articles ont été publiés dans cette section, les 2 derniers touchant eux aussi à des sujets éminemment politiques.

Est-ce que cette section est trop bancale, tendant parfois vers la vulgarisation tendance *Tu sais quoi ?* mais aussi vers la satire tendance *La fourche* ? Ou était-ce juste une année creuse dans l'actualité du Libre ?

L'avenir le dira. En attendant, voici 4 articles en lien avec le logiciel et la culture libre dont je suis tout aussi fier que de tous les autres.

Debian perd son Ian

C'est avec tristesse que nous avons appris, la semaine dernière, le décès de Ian Murdock.

On le connaît surtout comme le fondateur de Debian, célèbre distribution GNU/Linux dont il avait par ailleurs rédigé le manifeste qui reste une référence dans le Logiciel Libre encore aujourd'hui.

Aujourd'hui, il manque donc un Ian à Debian...

(Deb correspond au prénom de la petite amie de Ian à l'époque où il avait lancé l'OS.)

Ian aura par la suite été membre de la Linux Foundation ou encore employé chez Sun Microsystems où il aura été à l'origine d'un autre système d'exploitation libre : OpenSolaris.

Pour conclure : encore quelqu'un de bien qui nous a quittés trop tôt.

Wikipédia a 15 ans

L'encyclopédie en ligne est en effet libre, collaborative et surtout très populaire (dans le Top 10 des sites les plus visités au monde, quand même).

Mais outre l'usage évident...

...ahem. Outre l'usage évident, disais-je, qui consiste à se renseigner sur un sujet ou un autre...

Wikipédia peut avoir tout un tas d'autres utilités.

Tout d'abord, si vous cherchez les résultats de cérémonies (Oscars, Césars...) ou d'élections, vous avez le choix entre regarder dans la presse en ligne :

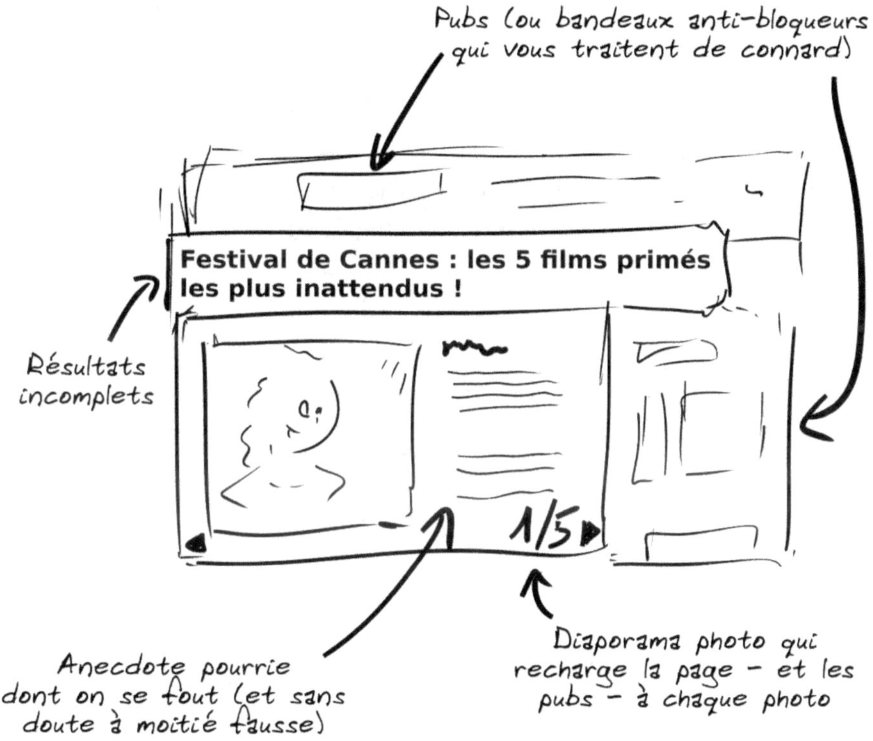

Ou visiter l'article Wikipédia correspondant et qui sera, la plupart du temps, à jour, complet et sans fioriture :

Ah oui, parce qu'en plus, il y a un truc super dans Wikipédia :

Les tableaux.

> Les tableaux sont bien foutus, lisibles et on peut facilement les trier selon une colonne ou l'autre.

Du coup, au lieu de chercher « département français le moins densément peuplé » sur ~~Google~~.

Tonton Roger,

cherchez la page Wikipédia qui liste les départements français par population, et triez par la colonne « Densité » !

Enfin, Wikipédia peut être très pratique si vous cherchez la traduction d'un titre ou d'une expression complexe dans une autre langue (grâce aux liens vers les pages de Wikipédia en d'autres langues dans la colonne de gauche).

Mais bien sûr, l'usage le plus sympathique consiste à se lire un article puis à se perdre dans des dizaines d'autres articles en suivant les hyperliens...

McDonald's dans les cantines scolaires

C'est officiel, le partenariat entre l'Éducation Nationale et le géant des fastfoods a été signé ! Depuis cette rentrée de septembre 2016, ce sont donc des menus McDonald's qui sont mangés dans toutes les cantines scolaires du pays !

Ce partenariat ne partait pourtant pas gagnant, une consultation populaire pour l'alimentation dans l'enseignement primaire ayant plébiscité les AMAP et épiceries bio.

Consultation populaire

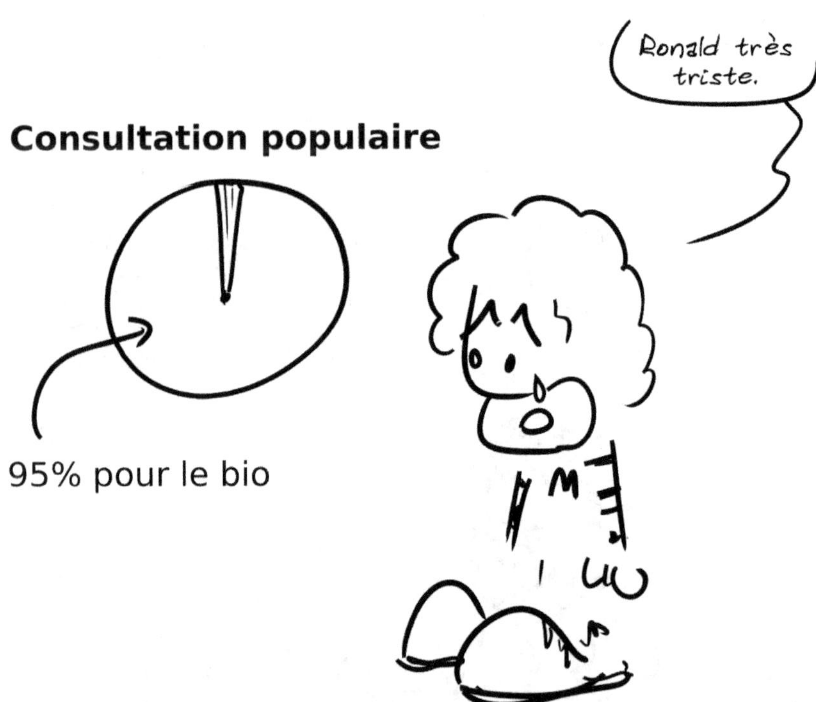

Bien sûr, ce choix, détaché de toute considération partisane, s'est basé sur le pragmatisme le plus décomplexé.

Nous avons étudié les offres de McDonald's et des AMAP/épiceries bio, et en mettant en concurrence les deux propositions, nous avons choisi la plus avancée techniquement.

McDonald's sont des professionnels, ils savent gérer de telles quantités et ils ont signé un contrat d'investissement !

Non mais c'est n'importe quoi !

Arrêtez de vous planquer derrière le marché soi-disant neutre !

C'est politique comme choix !

Alors certes, les habituels
bolchévo-fauteurs de trouble viendront encore nous
casser les burgers avec leurs théories un peu
tordues.

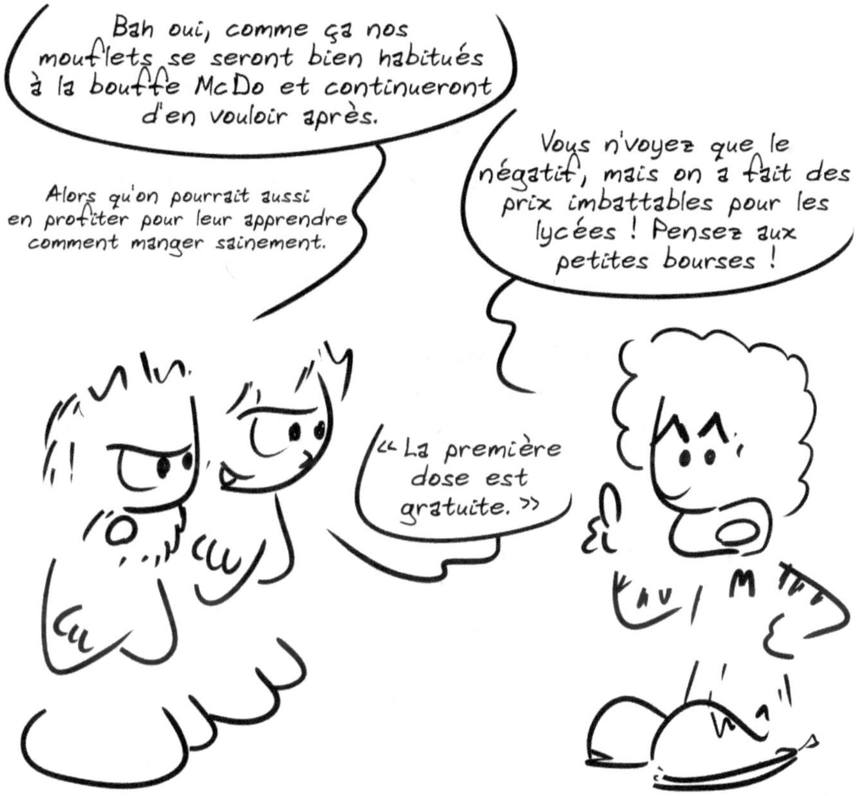

Bon. On arrête les bêtises.

Tout ça, c'était du flan.

Du faux. Du canular.

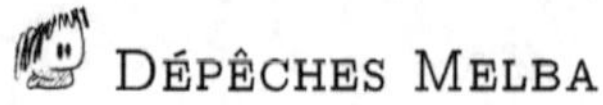

Vos gamins *ne* mangeront pas McDonald's.

En tout cas, pas dans les cantines scolaires. Le reste, ça vous regarde...

⚠ Seulement voilà, il y a un autre domaine où il se passe peu ou prou *la même* chose, et ça devrait vous scandaliser tout autant : l'informatique.

C'est ainsi qu'en juin dernier,
Microsoft annonçait fièrement avoir signé un
partenariat avec le Ministère de l'Éducation Nationale.

Et ce, malgré une consultation populaire
ayant plébiscité les logiciels libres.

Et malgré tous les arguments AMAP/McDonald's
donnés ci-dessus et qui s'appliquent tout autant.

Bref.

Comme le Ministère de l'Éducation Nationale se complaît dans
sa position de moulin à vent et que beaucoup (profs inclus) en ont
assez des se battre contre, ce sera comme d'habitude :

il faudra faire sans son aide, et tant pis pour
l'argent gaspillé et les initiatives locales non-soutenues.

Défense française : portes ouvertes pour la NSA

Rappelez-vous, la dernière fois, on a parlé des problèmes que posait l'usage de produits Microsoft au sein de l'Éducation Nationale.

Si vous avez regardé le Cash Investigation du 18 octobre 2016, vous avez pu apprendre qu'on utilisait aussi beaucoup Microsoft au sein d'un autre Ministère, et pas des moindres : le Ministère de la Défense.

(*Enfin disons que vous aurez pu apprendre ça entre deux éructations sur le Stade de Nice.*)

(*Mais je m'égare.*)

⚠ Ce qui était déjà agaçant avec l'éducation devient ici franchement inquiétant. D'autant plus inquiétant quand le vice-amiral Arnaud Coustillière, responsable de la défense informatique française, nous balance sans sourciller :

* Citations (tristement) authentiques.

Parce que ça, honnêtement, voilà la seule façon dont on peut le comprendre :

Le gros souci, c'est que les produits Microsoft sont connus pour fournir des accès privilégiés aux services de renseignements américains comme la NSA.

Oui, « connus pour ».

Pas « soupçonnés de ».

Du coup, ce serait cool que ça rentre dans vos caboches, au bout d'un moment…

Alors je sais ce que vous allez dire...

➡ Imaginez, tout à fait hypothétiquement, que nos intérêts militaires divergent de ceux des États-Unis et que, au hasard, nous n'ayons pas envie de les suivre dans une énième croisade pour « apporter la démocratie » quelque part à coup de bombes.

Eh bien ne pourrait-on pas imaginer que nos sympathiques alliés utilisent des renseignements soigneusement choisis pour nous pousser dans la « bonne direction », c'est-à-dire la leur ?

J'veux dire, imaginez un instant que toute la technologie et l'arsenal législatif sécuritaire de la NSA (qui se torche avec les lois des autres pays) tombe entre de mauvaises mains…

Mais tout ça, c'est sans doute de la parano, hein. Dormez tranquilles.

Et puis après tout, il y a une logique à ce qu'on nous fasse bouffer du Microsoft à tous les étages.

On sait bien que la surveillance généralisée mise en place par la NSA fait rêver pas mal de nos dirigeants…

La fourche

contestation

satire

défouloir

société

politique

critique

caricature

subjectif

La section gagnante de cette année en termes de nombre d'articles publiés. Ce serait un euphémisme de dire que l'année a été chargée... Une année marquée par l'éclatement de la contestation envers le gouvernement PS au pouvoir, après 4 années de résignation sourde (« mais on n'va pas manifester contre la *gauche*, non ? »). La Loi El Khomri (aussi appelée *Loi Travail*) aura été la goutte d'eau qui fait déborder le vase.

Et en arrière-plan, cet État d'Urgence permanent et ces grossières manipulations pour détourner l'attention de la ligne néolibérale inassumée du PS (vous avez dit *burkini* ?), etc. À l'heure où j'écris ces lignes, les élections présidentielles du printemps 2017 se rapprochent avec une issue toujours plus incertaine, mais une quasi-certitude que nous ne sommes pas sortis de l'auberge...

Quelques éléments de contexte :

— l'article *Valls scandalisé par les blocages* en page 249 est paru en plein mouvement social contre la Loi El Khomri. Avec les blocages de raffineries, la pénurie était proche et la panique gagnait peu à peu le pays. On pouvait donc faire confiance à notre Premier Sinistre pour avoir la réflexion qui sauve ;

— *Les aventures de Cazou & Valzou*, page 251, reprend elle aussi une citation de notre décidément très inspiré Premier Sinitre d'alors (qui, à l'heure où j'écris ces lignes, a été remplacé par son acolyte dans cette bande dessinée) ;

— page 253, *Macron se lance* fait bien sûr référence au mouvement *En Marche* lancé par l'énarque en question, déjà abordé en page 243 dans le texte *En marche (ou crève)*, écrit suite à l'éviction un peu brusque de Finkielkraut du rassemblement *Nuit Debout.*

— comme son nom l'indique, l'article *L'été de la saturation* en page 255 a été écrit suite à un été particulièrement chargé en saillies politiciennes stupides en tout genre...

Les autres articles s'expliquent tout seuls, à mon sens. Et n'oubliez pas que lorsque moi ou un autre parle de politique, rien ne vous oblige à être d'accord : avoir une opinion est suffisant. Quoi qu'il en soit, voici les miennes, d'opinions...

Ras l'o(i)gnon

(Réforme qui date de 1990, ce qui a échappé
à pas mal de commentateurs...)

Personnellement, à l'origine, je suis plutôt « vieille orthographe ».

Mais alors, quand je vois, parmi les pro-vieille orthographe*, le ramassis de connards hautains qui se masturbent le ciboulot en étalant leur condescendance décomplexée à la face des autres, je me surprends à dire :

VIVE LA NOUVELLE ORTHOGRAPHE !

* Pas tous, hein.

Sérieusement : depuis quand est-ce devenu acceptable de se comporter comme un gougnafier sous prétexte qu'on préfère mettre un I à « oignon » ? Vous savez comment je l'écris, moi, nénuphar ? Vous le savez ?

Non ? Eh bah moi non plus, je ne le sais pas !

Si j'avais dû l'écrire avant de le lire partout dans la presse, je me serais probablement planté — par exemple en mettant un E à la fin — et j'aurais regardé le correcteur d'orthographe.

Euuh ouais nan mais ça vaaa hein, c'est pas parce que t'es incuuuulte que tu dois imposer ta médiocritééé aux autres, hein...

Et sinon, ça fait quoi d'être une personne détestable ?

La vérité, c'est que quand on a évacué les arguments de mauvaise foi et la montagne de conneries qui circulent sur les rézozozios...

... les défenseurs acharnés des règles de la langue française (mais juste celles qui les arrangent)...

☑ Point typo-nazi pour emmerder les ortho-nazis.

⇨ ... on se rend compte qu'il n'y a pas de quoi fouetter un chat, que la réforme ne supprime aucun mot (ça c'est pour l'argument de « novlanguisation » du français), qu'elle n'a aucune incidence sur la langue orale et qu'elle corrige juste quelques bizarreries.

Le fait que ces bizarreries aient une origine logique n'empêche pas de les transformer...

... puisque ces bizarreries découlent souvent elles-mêmes de transformations.

Y voir une manifestation du nivellement par le bas,
c'est se foutre de laggle du monde.

(Oui, « laggle » sera dans l'orthographe modifiée de 2047, j'y travaille.)

Personne ne parle d'accepter
« comme même » et « endirait » !

> *Entre les deux extrêmes que sont les kikoolols SMSiques et les professionnels de la dictée de Pivot, il y a une majorité de gens qui font gaffe, se relisent et font de leur mieux pour écrire correctement*. Assouplir certaines règles fera du bien à pas mal de monde et ne changera rien pour les autres.*

* Moi-même, je relis mes articles 10 fois et il reste toujours au moins une faute. TOUJOURS.

> Pour conclure, personnellement, je continuerai probablement à utiliser la vieille orthographe. Pas par dogme ou par esprit de contestation, mais juste par habitude et parce que je lui trouve souvent plus de charme.

Mais que les choses soient claires : ça ne m'empêchera jamais d'être bienveillant vis-à-vis des gens qui utilisent la nouvelle.

Préférer et maîtriser une orthographe plus complexe ne vous autorise pas à être un sale con.

Le bingo du troll

Un point par case + bonus de 5 points par ligne, colonne et diagonale complétée.

« ON PEUT PLUS RIEN DIRE » Après une réponse argumentée, se plaint du simple fait qu'on lui réponde.	**POINT ORTHO/ GRAMMAIRE** Après une réponse avec une faute : « avant de me parler, apprenez à écrire. »
CHANGEMENT DE TON Commence agressif, puis répond avec de l'humour, puis sérieusement, etc.	**MÉCHANCETÉ GRATUITE** Sarcasme acerbe puis « oh ça va, j'plaisantais » quand vous réagissez.
ÉGOCENTRISME « MOI, j'ai la vérité. »	**LIBERTÉ D'EXPRESSION** Grands mots et ton larmoyant : « c'est ça la liberté d'expression ? »
POINT « VOUS INTERPRÉTEZ » « J'vous traite de connard et vous prenez ça pour une insulte, vous interprétez ! »	**C'EST PAS MIEUX QUE RIEN** Affirme que vous auriez dû ne rien faire plutôt que faire quelque chose d'imparfait.
POINT « J'INTERPRÈTE » Vos mots ont 2 interprétations possibles : choisit celle qui vous fait passer pour un connard.	**ARGUMENT À LA TRAPPE** Répond à 2 arguments sur 3 (en laissant de côté le plus épineux et pertinent).

DÉTAIL Réponse à un détail sans intérêt juste pour le plaisir de continuer à troller.	**ATTAQUE** Grossièreté standard ou attaque ad hominem.	**ABANDON** « J'arrête là, vous êtes borné » quand il n'a plus d'argument.
À CÔTÉ Infléchit le sujet dans une autre direction quand il se sent à cours d'arguments.	**POINT SOUPÇON** « Mouais, vous dites ça mais de toute façon je suis sûr qu'en vrai vous pensez... »	**PARANOÏA** « De toute façon j'ai bien compris que vous m'en vouliez personnellement. »
POINT GODWIN « Votre comportement me rappelle les heures les plus sombres de notre Histoire. »	**REVERSE GODWIN** Invoque le point Godwin à votre encontre sans aucune justification.	**MOI J'M'EN FOUS** Le débat ne l'intéresse soudain plus : « moi j'm'en fous, hein, j'dis ça, c'est pour vous. »
JOUE AU CON Fait semblant de ne pas comprendre quelque chose de pourtant très clair.	**MELTING POT** « C'est bien un argument de bobo-gaucho-fémino-nazi-bien pensant. »	**SANS ISSUE** Vous pesez le pour et le contre d'un argument, il détruit l'un comme l'autre.
MIROIR ! « Je trolle ? Non mais je rêve ! C'est vous le troll ! »	**VIEUX DOSSIER** Et toujours sans rapport : « en 92, tu avais dit ça, alors ton avis, hein... »	**POINT AGRESSIVITÉ** Après une réponse un peu sèche : « ah bah voilà tout de suite l'agressivité ! »

17/02/16 gee

Mails urgents & état d'urgence

* Authentique.

Mais encore, l'administration aurait été à peu près vivable s'il n'y avait pas eu...

LA SECRÉTAIRE DÉMONIAQUE.

* Tout ce processus : authenFUCKINGtique.

Un des trucs les plus agaçants avec cette secrétaire, c'était sa façon de communiquer :

chacun de ses mails avait un sujet débutant par « URGENT ».

Et bien sûr, chaque sujet était écrit en majuscule.

CHAQUE.

PUTAIN.

DE SUJET.

Sujet	Expéditeur	Date
URGENT: PROGRAMME FETE DE LA SCIENCE	Anabel Zébute	22/03/12 13:52
URGENT: FORMULAIRE DE REINSCRIPTION EN 3A	Anabel Zébute	21/03/12 11:05
URGENT: ELECTION DES REPRESENTANTS DES ELEVES	Anabel Zébute	21/03/12 10:37
URGENT: INFORMATION POUR LES L2	Anabel Zébute	18/03/12 14:25
URGENT: ON RECHERCHE LA TOUCHE CAPS-LOCK	Anabel Zébute	17/03/12 14:15

Résultat : plus moyen de déceler la vraie urgence du spam standard et les mails importants passent à la trappe.

Oui, parce que le principe d'une urgence, c'est d'être exceptionnelle.

Imaginons par exemple, tout à fait hypothétiquement, qu'un pays déclare un état d'urgence qui durerait 6 mois...

Eh bien on serait en droit de se demander si, de fait, l'urgence ne deviendrait pas la norme.
Et s'il ne resterait plus alors que la surenchère pour signaler une urgence véritable.

> **/!** L'état d'urgence qui dure 6 mois (et plus si affinités - et il y aura toujours des affinités), ce n'est pas juste dangereux vis-à-vis des libertés individuelles et inefficace face au terrorisme : c'est aussi complètement con.

Mais ne vous y trompez pas, si
le gouvernement choisit de prolonger l'état
d'urgence pour 3 mois, c'est exactement
pour la même raison que la secrétaire
de ma fac considérait par défaut
tout mail comme urgent :

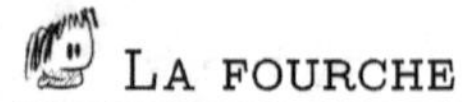

pouvoir se dédouaner en cas de pépin.

Vous avez loupé la date de réinscription ? Ah bah oui mais voilà, hein, moi j'avais mis URGENT dans le sujet, c'était pas pour rien !

Quoi, l'organisation moisie de la fac ? Mais de quoi j'me mêle ?

Vous avez été victime d'un attentat ? Ah bah oui mais on a prolongé l'état d'urgence, on a fait le maximum, hein.

Quoi, la politique étrangère de la France ? Quoi, le commerce d'armes avec des salopards ? Quoi... Mais de quoi j'me mêle ?

Sauf qu'au départ, moi, il me semblait que l'équipe de branques à la tête de l'État (et qui nous coûte une fortune) était censée être plus responsable que la secrétaire de ma fac au SMIC.

⚠ Du coup, l'urgence, là, ce serait peut-être de les foutre dehors une bonne fois pour toutes.

Légion de déshonneur

François Hollande a décoré le prince héritier saoudien de la Légion d'honneur, confirmant une fois de plus l'analyse très pertinente qu'avait faite Jean Yanne de cette distinction (rapport aux hémorroïdes).

En marche (ou crève)

Article publié le 27 avril 2016

On a parfois un peu l'impression de se répéter quand on parle de déconnexion entre la classe politique et le reste de la population. Mais il faut avouer que nos non-représentants s'appliquent si régulièrement à enfoncer le clou qu'on n'en voit plus la tête. Par exemple, prenez Emmanuel Macron, banquier d'affaire et membre d'un gouvernement estampillé « socialiste », un mot qui ferait hurler n'importe quel banquier dans un paysage politique où les mots auraient encore un sens.

Bah vous voyez, quand ce type là nous sort *En Marche !* (avec un point d'exclamation, oui, comme *Yahoo !*) mouvement ni de gauche ni de gauche qui nous promet de réinventer la politique en faisant exactement la même chose qu'avant, ça me fascine. Et le cortège de médias qui en fait ses gros titres alors que tout le monde s'en bat les reins... oui, pardon aux familles, tout ça, mais Macron et ses manachronismes, TOUT LE MONDE S'EN TAPE. Mais les médias ont décidé que Macron, c'était maintenant l'homme de la gauche, l'homme avec le vent en poupe que c'est pour lui qu'tu dois voter si qu't'es à gauche (d'ailleurs ils ont choisi Alain « Emplois Fictifs » Juppé pour la droite, si vous n'aviez pas suivi). Macron. Le type avec un sourire Colgate qui nous balance une vidéo façon publicité pour serviette hygiénique avec voix off d'hôtesse de l'air :

> « Quand on écoute les Français, on entend partout la même chose. Il faudrait que ça bouge. Il faudrait essayer des idées neuves, aller plus loin, oser, en finir avec l'immobilisme. [...] Alors on fait quoi ? On se met en marche. Car on ne fera pas la France de demain sans faire place aux idées neuves, sans audace, sans esprit d'invention. On ne fera pas la France de demain, en restant isolé de ce nouveau monde à la fois inquiétant et plein d'opportunités. On ne fera pas la France de demain sans faire place à une génération nouvelle, combative, entreprenante, audacieuse et belle. Oui... Il est temps de se mettre en marche. »

Ou comment broder de la parfaite communication de marketeux décérébré sur du vide, du bon gros vide bien enrobé d'une grosse couche de vernis à gerber. Et pour les quelques vagues concepts qui ressortent (au-delà du concept de « mouvement » qui est une constante de la politique – d'ailleurs le changement, n'était-ce pas hier ?), rien de nouveau sous le soleil : flexibilité, réformes NÉ-CE-SSAIRES et mondialisation heureuse. Nous sommes sauvés. Le système représentatif va fonctionner et l'abstention va baisser grâce à l'énorme reprise de confiance envers la classe politique qu'un mouvement comme *En Marche !* ne va pas manquer de générer.

Oui, la relève est assurée. De nouveaux guignols en costumes, bien peignés, plus lisses qu'une plaque de verglas, qui font des mouvements, des contre-mouvements, des *think tanks* et autres concepts foireux pour ne pas dire qu'on se paluche joyeusement le poireau en réfléchissant à la couleur des chaînes. Qui se matent le nombril en comité fermé avec leurs potes journalistes à la télé en étant persuadés de représenter « les Français ». Ça me rappelle une chanson de Pink Floyd, *The Fletcher Memorial Home*. Si vous ne la connaissez pas (et ce serait compréhensible, elle vient du peu connu *The Final Cut* qui est presque un album solo de Roger Waters en réalité), je vous livre une traduction personnelle du premier couplet :

> Éloignez tous vos enfants attardés
>
> Et construisez leur une maison
>
> Un petit endroit rien que pour eux
>
> Le Mémorial Fletcher pour tyrans et rois incurables
>
> Et ils pourront s'y voir tous les jours
>
> Sur un réseau télé en circuit fermé
>
> Pour s'assurer qu'ils existent toujours
>
> C'est bien la seule connexion qu'ils puissent ressentir

À chaque fois que j'entends ce couplet, j'ai les portraits de nos politiciens et de ~~nos~~ leurs journalistes en tête. Et je me demande si, un jour, on ne pourrait pas faire ça. Puisqu'il semble difficile de les déloger du pouvoir, les laisser entre eux, les laisser jouer. « Oh, tiens, j'vais faire un mouvement. » « Pour faire joli sur ton CV, tu préfères un poste de Haut Commissaire de mon Cul ou de Conseiller de mes Couilles ? » « Oh, c'est moi que j'ai le plus gros parti. » « Bisque bisque rage. »

Il est pour ma part de plus en plus clair que nous n'avons pas besoin d'eux [1] (ou, dans une moindre mesure, que nous ne serions en tout cas pas moins bien lotis sans eux). Mais là, je me rends compte qu'ils n'ont peut-être pas besoin de nous non plus. Ils ne se rendraient même pas compte si nous n'étions plus là. Macron continuera à se passer la brosse à reluire qu'on soit derrière lui ou pas. D'ailleurs, pour ce que ça vaut, on n'y est pas, derrière lui, et il n'a même pas fait gaffe.

Oui, peut-être qu'il faudrait acter la séparation du peuple et des pseudo-élites. Et essayer autre chose de notre côté. Sans eux. C'est un peu ce que *Nuit Debout* essaie de faire, j'imagine. Bien emmerdant pour les politiciens qui auront du mal à récupérer ce mouvement puisqu'il s'est précisément construit contre eux. Alors il vaudra mieux pour eux s'appliquer à le salir, le détruire. Ça a commencé.

À ce titre, quand j'entends Jean-François « Profondément choqué » Copé dire de la *Nuit Debout* « ils sont tellement coupés

---

1. Lire à ce sujet *Le deuil de la démocratie représentative* en ligne et dans le tome I de Grise Bouille.

de la réalité », ça me fait pisser de rire. Le mec qui passe ses vacances dans des villas luxueuses de marchands d'armes, touche un salaire mensuel à 5 chiffres (et estime que seuls les minables acceptent des boulots à moins de 5000 euros par mois) sans parler des privilèges octroyés par ses nombreux mandats à nos frais va t'expliquer que t'es coupé de la réalité, jeune con révolutionnaire. Et je veux bien entendre toutes les critiques du monde à l'encontre de la *Nuit Debout*, hein. Mais simplement, pas de la part d'un professionnel de la politique. Pas de la part de Copé. Sérieusement, c'est comme si Nabilla reprochait à Frédéric Lordon de manquer de culture économique.

Et puis à côté de ça, les journaux qui titrent, scandalisés, « la *Nuit Debout* révèle son vrai visage ! » suite à l'expulsion d'Alain « Taisez-vous » Finkielkraut de la Place de la République. Son vrai visage ? Parce qu'il vous a fallu ce non-événement pour comprendre que *Nuit Debout* se positionnait (entre autres) contre tous les défenseurs de l'ordre établi qui monopolisent les plateaux télé pour dicter unilatéralement ce qui est bon pour nous depuis 30 ans ?

« S'attendaient-ils vraiment à ce que nous les traitions avec le moindre respect ? » s'interroge Waters dans la suite de la chanson. Je ne défends pas spécialement la méthode qui consiste à hurler sur quelqu'un jusqu'à ce qu'il s'en aille. Mais pitié, ne faites pas comme si ça sortait de nulle part, comme si c'était gratuit. Lordon l'explique bien mieux que je ne saurais le faire :

> « Nous ne sommes pas ici pour faire de l'animation citoyenne "all inclusive" comme le voudraient Laurent Joffrin et Najat Vallaud-Belkacem. Nous sommes ici pour faire de la politique. Nous ne sommes pas amis avec tout le monde. Et nous n'apportons pas la paix. Nous n'avons aucun projet d'unanimité démocratique. Nous avons même celui de contrarier sérieusement une ou deux personnes. »

Pauvre Finkielkraut qu'on ne veut même pas entendre, quelle atteinte à la démocratie. C'est vrai qu'on a tellement peu l'habitude de l'entendre, sa douce voix. Si on était taquins, on remarquerait que pour que toutes les personnes présentes Place de la République à Paris rattrapent leur écart de temps de parole publique avec Finkielkraut, celui-ci devrait probablement la boucler pendant les 2 prochains siècles (ça nous ferait des vacances, notez).

Fort heureusement, tous les grand médias pourront à l'unisson s'en offusquer et corriger cette honteuse injustice. Jusqu'à l'apothéose avec Michel « En roue libre » Onfray qui nous sort l'accusation d'antisémitisme et de nazisme du chapeau (car il n'y a tellement rien à reprocher à Finkielkraut dans ses paroles et ses actes que toute action à son encontre ne peut qu'être motivée par un racisme latent). Mais quand Finkielkraut loupera une marche, il se trouvera bien un Onfray pour accuser l'escalier d'antisémitisme. Pendant que le reste de la population (*Nuit Debout* incluse), comme d'habitude, ignorera un énième non-événement monté en épingle et passera à autre chose.

Parce que les Macron, les Finkielkraut, les Copé, les Onfray et tous les autres, ce sont des bourdonnements dans nos oreilles, une nuisance permanente avec laquelle nous avons appris à vivre faute de mieux. On peut cesser d'y prêter attention, mais on ne peut pas cesser de les subir car ce sont toujours eux qui tiennent les rênes, sans relâche. Et au bout du compte, c'est bien à cela que *Nuit Debout* (et d'autres) cherchent tant bien que mal une solution. Faire en sorte que ces élites auto-proclamées continuent de jouer dans leur coin si cela les amuse, mais qu'elles cessent de nous nuire.

Alors je ne sais pas ce qu'il adviendra de *Nuit Debout*. Peut-être que ça finira en eau de boudin. Que tout le monde rentrera chez soi et que le monde continuera de (mal) tourner. Mais il en restera de toute manière une expérience mille fois plus enrichissante et porteuse d'espoir que tous les *En Marche !* de tous les Macron du monde. « On ne fera pas la France de demain sans faire place à une génération nouvelle, combative, entreprenante, audacieuse et belle » nous disait l'hôtesse de l'air dans son insipide vidéo.

Rassurez-vous, une génération combative arrive. L'ennui, c'est que l'ennemi à combattre, c'est vous.

Valls scandalisé par les blocages

Devant les blocages de raffineries et de centrales nucléaires, notre Premier Sinistre s'est exprimé sans détour :

Les aventures de Cazou & Valzou

Macron se lance

L'été de la saturation

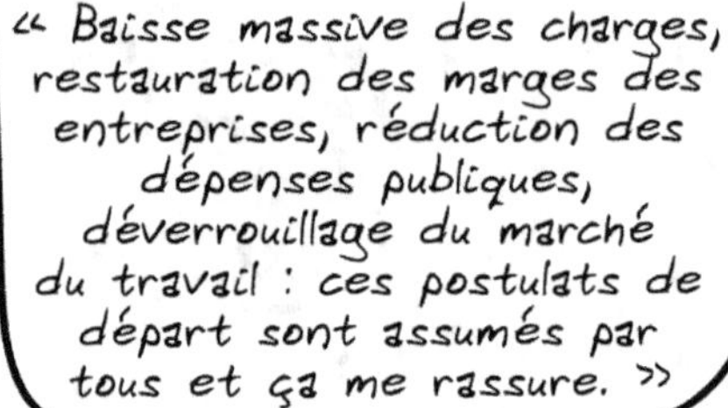
« Baisse massive des charges, restauration des marges des entreprises, réduction des dépenses publiques, déverrouillage du marché du travail : ces postulats de départ sont assumés par tous et ça me rassure. »

Content que tout le monde ait enfin intégré le concept : THERE IS NO ALTERNATIVE.

Ah non mais...

« L'honnêteté m'oblige à vous dire que je ne suis pas socialiste. »
Tombez pas tous de vos chaises à la fois.
Oui bah...
« Je considère que la justice ne doit pas se mêler de politique et que la politique ne doit pas se mêler de justice. »
En tant que politicien en campagne permanente, je demande l'immunité permanente.
Mais...

« Parlementaire, il n'y a rien de plus précaire, sauf ministre. »
Une tite pièce, m'sieur le contribuable ?
De quoi ? Je...
Gnnn, Mariaaaannee, mmmppffff, nichon... nichon...
NIIICHHOOOOOON !
Euuuh...

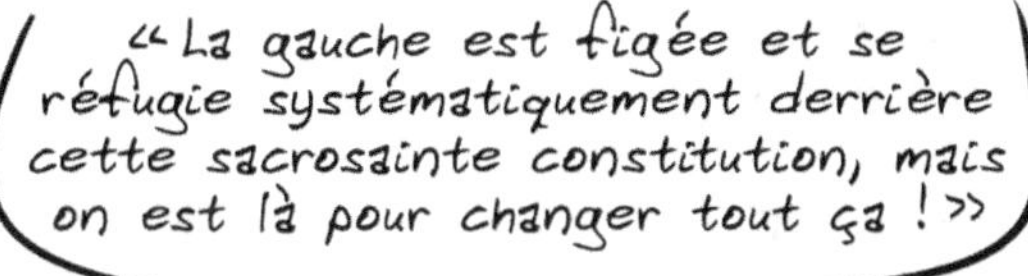
« La gauche est figée et se réfugie systématiquement derrière cette sacrosainte constitution, mais on est là pour changer tout ça ! »

On va pas s'laisser emmerder par des trucs comme l'état de droit, quand même ?

C'est-à-dire que...

« Des plaintes ont été déposées pour poursuivre ceux qui diffusent des photographies de nos policiers municipaux... »

Chez nous on prend des arrêtés lamentables, mais on n'veut pas trop que ça se voie.

On t'a sonné, le sous-fifre ?

Oui mais en fait...

« Il suffit de mettre
un militaire avec un lance-roquette
et il arrêtera le camion ! »

C'est pas
vraiment...

Sinon moi vous m'filez un
costume bleu avec un slip rouge et
hop ! SUPERGUAINOOOOOO !
ZIIIOUUUUUUUUUUU !

« Je vais donc être
candidat pour défendre la
droite décomplexée. »

Passe-moi la crème
solaire, Ziad.

VOS GUEULES !
On ne s'entend plus penser.
Quand j'pense qu'on est partis pour en avoir jusqu'en mai 2017, de cette merde...
12/09/16 gee

Orange bloque Google

Le célèbre fournisseur d'accès à Internet a placé par erreur le non moins célèbre moteur de recherche sur sa liste noire des sites faisant l'apologie du terrorisme, le rendant indisponible pour ses abonnés.

Fichier monstre

Bien sûr, officiellement, ce fichier ne sera utilisé que pour lutter contre la fraude identitaire.

Enfin pas exactement.

> ⚠ Petit détail : le fichier sera accessible aux services de renseignements en cas « d'atteintes aux intérêts fondamentaux de la Nation » ou « d'actes de terrorisme ».

> Bref, quels que soient les garde-fous (bien minces) mis en place, la réalité, c'est qu'un tel fichier va exister. Et que nous n'avons aucune idée de la façon dont il sera utilisé à l'avenir.

Combien de temps avant que des pratiques « alégales* » se développent en toute discrétion avec ce fichier ?

* Faux-cuïsme signifiant « complètement illégale mais comme ça vient d'en haut on va dire que ça passe ».

Combien de temps avant un nouvel attentat qui permettra encore de faire sauter les derniers garde-fous ?

Vous vous rendez compte ?
Nous avons un fichier qui permettrait d'identifier des assassins en fuite et nous ne pouvons pas l'utiliser à cause de quelques bobos droits-de-l'hommistes !
Est-ce bien sérieux, Mme Ferrari, je vous le demande ?

Bref, encore des libertés que nous perdons aujourd'hui.

Encore des libertés que nous ne récupérerons jamais, *même si la menace terroriste*

(terrorisme qui fait moins de morts que les accidents domestiques, rappelons-le)

s'atténue à l'avenir.

Bisous.

03/11/16 gee

graphismes

à la main   papier

crayons

Table à dessins

essais

aquarelles

visuels

dessins

Il existe quelques sections un peu à part sur *Grise Bouille*. Je pourrais citer la section *Jukebox* qui rassemble mes compositions et enregistrements musicaux et peut donc difficilement être transcrite dans un recueil de bandes dessinées.

Table à dessins est quant à elle un peu ma section « laboratoire », celle où je m'essaie un peu à d'autres techniques que ma bonne vieille tablette graphique. On y trouve, cette année :

— trois aquarelles (pages 275, 279 et 289) ;
— deux dessins monochromes réalisés au crayon de papier et à l'encre de chine (pages 277 et 279) ;
— les trois autres dessins réalisés à l'encre de chine également mais coloriés avec des crayons de couleur. Alors bien entendu, tout comme pour les aquarelles, on perd pas mal d'informations dans ces versions noir et blanc converties pour les besoins de l'impression. N'hésitez pas à visiter le blog pour voir les versions n couleur...

Notez que les dessins *Tim et le joueur du Hamelin* et *Sara & Tim* (pages 279 et 287) font explicitement référence à une nouvelle que j'ai écrite, *L'Enfant sans bouche*, disponible dans le recueil du même nom [1].

---

1. *L'Enfant sans bouche (et 9 autres nouvelles)*, disponible aux éditions *Ptilouk.net Éditions* sous licence libre également – https://grisebouille.net/lenfant-sans-bouche-et-9-autres-nouvelles/

CROMANIEMENT

APRÈS LE MINISTÈRE DE LA FAMILLE, DE L'ENFANCE ET DES DROITS DES FEMMES, CRÉONS LE MINISTÈRE DE LA DÉFENSE, DE LA CHASSE ET DES DROITS DES HOMMES...

LA FRANCE EST IMPOSSIBLE À RÉFORMER

LE JOUEUR
DU
HAMELI
07/06/16
gee

LA CROISSANCE REPART !
EH MERDE...
13/08/16 gee

LE DÉLIRE DES RACINES FRANÇAISES

I'M NOT HERE...
THIS ISN'T HAPPENING...
03/11/16
gee

JOYEUSES SATURNALES !
JE REFUSE DE PORTER CE TRUC !
FAIS PAS TON RABAT-JOIE, C'EST POUR LES MÔMES !
20/12/16
gee

Table des matières

TABLE DES MATIÈRES

9 782493 727121